外国人技能実習生のための
日 本 語
── 生活基礎編 ──

構成と使い方（教師用）

公益財団法人　国際人材協力機構

「外国人技能実習生のための日本語─生活基礎編─」
構成と使い方

1. 特 徴

「生活基礎編」は構文積み上げ式の教科書です。技能実習生が日本で生活する上で最低限必要な表現をやさしいものから順に学習していくことで、基本的な会話力とサバイバルとしての言語行動力を身につけることを目標にしています。

(1) 学習対象者

この教科書「生活基礎編」は、日本で技能・技術等を学ぶ外国人技能実習生（以下、「実習生」という。）が、はじめて日本語を学習する教科書として書かれたものです。来日前に自国で学習する場合や、来日後、日本で学習する場合に使用してください。

(2) 学習時間

総学習時間60時間程度を想定して書かれたものです。標準的には月曜日から金曜日まで、1日3時間学習すると、1週間で15時間ですから、丁度1か月間学習することになります。この「生活基礎編」を使用して60時間の学習を終えた後、「日常生活編」へと学習を進めていくといいでしょう。

(3) 学習目的

実習生が、日本で楽しく意義のある生活を送り、効果的な技能実習を受けるための初歩的な日本語を学習することが目的です。

(4) 文字指導

全く文字を知らないことを前提としています。この教科書では文字学習については触れていませんが、最初から同時に並行して指導してください。ひらがな学

—1—

習が終わるまでは、教師だけが教科書を使って口頭練習を進めてください。

「生活基礎編」では、実習生が目にすることの多い語彙は漢字が使用されています。漢字には全てルビがふられています。その他に「非常口」、「火気厳禁」、「立入禁止」等技能実習に必要であると同時に生命にかかわる大切な標識、表現は漢字指導というよりは、一種のサインとして理解させるために取り入れてあります。

２．構成と指導法

　この教科書は「教室のことば」、「あいさつ」、「先生の言うとおりにうごきましょう」の後、各課の「基本の文」、「新しいことば」、「練習1」、「練習2」、「会話1」、「会話2」、「タスク」から成り立っています。そして、実習生の理解を助けるために「生活用語集」が付録としてあります。

〈教室のことば〉

　教室で授業の度に使ってください。複数の教師で指導する場合は、いろいろなことばを使わずに統一して使ってください。

1．いっしょに　言いましょう。

　毎回、教師と一緒に言わせてください。最初のうちは、意味がわからなくても、とにかく繰り返して言うことが大切です。

2．先生に　言いましょう。

　教師はできるだけ例の下線部のことばを発話させる機会を作り、実習生がこれだけはきちんと言えるようにしてください。

　　例　(1)　先生　：コーさんですか。

　　　　　　マリオ：いいえ。マリオです。

　　　　(2)　先生　：コーさん、わかった？

　　　　　　コー　：わかりません。もう一度おねがいします。

〈あいさつ〉

　あいさつは、人間関係を保つための最も基本的な表現です。教室の中だけではなく、日常の生活でも自然に発話できるように指導してください。

〈先生の言うとおりにうごきましょう〉

1．運用目標

　(1)　日本語の音に慣れ、必要な語彙を聞き取ることができる。

(2) 日本語の指示を聞いて動作ができる。

2．指導法

毎回の授業のはじめに、少しずつ繰り返し練習してください。

(1) 標準指導時間

　1日3時間、20回の学習で総学習時間60時間の場合を例にとりますと、「先生の言うとおりにうごきましょう」にかける時間は、1日10分～15分で、その日の最初の授業で練習します。毎日、その日までに学習した部分を復習してから新しい項目に入ります。10回で最後の項目まで進み、残りの10回は繰り返し復習するようにします。

(2) 指導手順

　教師がテキストに書いてある動作を実習生に指示し、実習生が指示通りに動作ができるように練習します。

　　例　「本を出して。」と言ってから実習生の本を実習生の机の中から出します。教師はもう一度同じ指示を出します。教師はここで「えんぴつを出して。」「ノートを出して。」と表現を重ねていくことで、実習生に「本」、「えんぴつ」、「ノート」の語彙を定着させると共に、「出して」の指示を聞いて動作ができるようにします。

　ここでは、教師の指示を聞いてすぐに動作ができるようになることが目的ですから、実習生に発話は求めないようにします。日本語を学習する実習生にできるだけ無用な緊張や、プレッシャーを与えないようにします。企業における作業現場で上司の指示に即応して動けるようになることが最終目的ですので、毎日、必ず数項目は「先生の言うとおりにうごきましょう」を練習してください。

〔基本の文〕

　日本で生活するために最低限必要な表現を、18課にわけて提示しています。「基本の文」は、各課で主に学習する文の形で、練習の基礎になる文です。

　1課から18課までで、67の文の形を勉強します。

〔**新しいことば**〕

　各課で新しく出てくることばをのせてあります。意味の理解はイラスト、生活用語集（付録）の訳等が助けになると思います。

〔**練習1**〕

　「基本の文」で取り上げた文の形を、実習生の日本語学習の練習用の形に整えたものです。これは置き換え練習の形になっています。単語の意味を生活用語集（付録）の訳や絵カード等で確認した後、教師と一緒に言う練習をします。その後、実習生一人ずつか、あるいは実習生を何人かのグループに分け、語彙を入れ替えて練習します。このような練習をすることで、同じ文の形で語彙を入れ替えることによって、違う文が作れるのだということを意識させ、応用力をつけていきます。

　ここでの習得目標は、新しく学習する文の形の理解と、それがなめらかに口からでてくることです。

〔**練習2**〕

　「練習1」で基本的な置き換え練習をすることで、文の意味の把握と口ならしをした後、「練習2」でその課の文の形の応用練習に進んでください。教室で口頭練習した後、実習生が自室で宿題として学習する形になっています。「基本の文」や「練習1」で学習した文の形や表現が、実習生に定着し、習得できているかどうかを教師が把握し、弱いところに力を入れて練習してください。文字が未習の間は教室での口頭練習として使用してください。

〔**会話1**〕

　「練習1」、「練習2」で各課の文の形や表現の練習をした後、「会話1」でその文の形を使った基本的な短い会話練習をします。全て「です」、「ます」のいわゆる丁寧体といわれる表現になっています。また、「会話1」、「会話2」共に日本人の会話の部分は教師が担当して、実習生は実習生の会話の部分を担当するようにし

てください。日本人の会話の部分は聞いて理解できることが目標ですので、日本人の会話の部分を実習生が話す練習をする必要はありません。会話を練習する前に絵カード、動作、生活用語集（付録）等でその会話がかわされている状況を把握させてから練習をはじめるといいでしょう。

〔会話2〕

　「会話2」は「会話1」に比べて、より現実に近い自然な会話になっています。日本人の会話はいわゆる普通体と言われているくだけた言い方になっているものが多く、話し相手の実習生の会話は丁寧体になっているものが多いです。

　　各課の「会話2」は丁寧体と丁寧体の会話、丁寧体と普通体の会話、普通体と普通体の会話の順になっています。会話の数としては丁寧体と普通体が多く、普通体と普通体は友達の実習生同士の会話になっています。

　　この「会話2」では、日本人の普通体の話し方を聞いて理解する訓練と、それに対して実習生が丁寧体で答える訓練を主目的にしています。つまり、実習生に実際に耳にする話しことばをできるだけ聞き慣れてほしいということです。また、実習生が「です」、「ます」の丁寧体で話す訓練をする意味は、この段階での実習生の日本語力で相手によって話し方を変える事はなかなか大変ですので、誰に対して話しても一番安全な表現を身につけることが大切だからです。

〔タスク〕

　　各課の終わりに「タスク」がついています。各課で学習した文の形、表現、語彙等を使って実際に何らかのことをなしとげることが目的です。そのことではじめて、各課で学習した日本語表現が生きた日本語として活用できることになるわけです。「タスク」毎に問題の指示文が書いてありますが、この指示文は教師が読んでどのような内容をここで行うかを理解するためのものですから、指示文の日本語の指導をする必要はありません。

3．各課の具体的な指導法

第1課

1．運用目標

(1)　是非を問う質問に対して、そうなのか、違うのか、わからないのかを言うことができる。

(2)　3桁までの単純な数字を言ったり、聞き取ったりできる。

(3)　簡単な自己紹介ができる。

(4)　簡単な表現で人を紹介できる。

2．準備する教材

(1)　登場人物の顔の下に年齢の数字をかいた絵カード

(2)　世界地図の白地図に、登場人物や実習生の国に色を塗ったもの

(3)　1課のイラストと同様の自己紹介、第三者紹介の絵カード

(4)　1～10、20、30、40、50、60、70、80、90、100の小カード

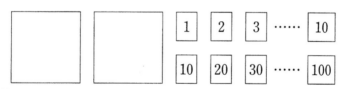

3．指導法

〔練習1〕

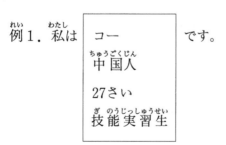

例1．私は コー です。

中国人

27さい

技能実習生

　　　最初の「私はコーです。」は1課「基本の文」の1．の文です。この文の形を口ならしするための置き換え練習です。

　　　「私はコーです。」

「私は中国人です。」

「私は27さいです。」

「私は技能実習生です。」

「コー」、「中国人」、「27さい」、「技能実習生」の語彙の意味を理解させてから、教師と実習生全員で一緒に言います。その後、各実習生に個別に自分自身のことを言わせてみます。まず、教師が「私は関口です。」と手を自分の胸におきながら言って、次に実習生一人ずつ、「私はコーです。」、「私はマリオです。」、「私はソンプラです。」、「私は～です。」……。今度は、教師が「私は日本人です。」と言ってから、実習生に順に、「私は中国人です。」、「私はインドネシア人です。」……と言わせます。同様に「私は～歳です。」、「私は技能実習生です。」の口頭練習をします。このような練習をすることで、同じ文の形で、語彙を入れ替えることによって、違う文が作れるのだということを意識させ、応用力をつけるようにします。また、その他に、教材(1)の年齢付き登場人物の絵カードや(2)の地図を指しながら練習させると効果的です。

〔練習2〕

1. 肯定文を否定文にする練習です。例を教師が大きい声ではっきりと言い、その後、教師と実習生が一緒に言います。次に1.教師が「私はタイ人です。」と言ってから実習生を促しながら一緒に「私はタイ人ではありません。」と言います。同様に2.、3.と進めます。基本的には「全体練習」から「個別練習」へと進めたらいいでしょう。

2. 「はい、そうです。」と「いいえ、違います。」が言えるようになることと、年齢を言えることの練習です。

   ここに書かれている練習の後、実習生自身のことについてQA練習をしてください。

〔会話1〕〔会話2〕

「練習1」、「練習2」で練習した表現を実際の会話に近い形で練習

します。教材(1)の年齢付き登場人物の絵カードを使って会話練習をするといいでしょう。実習生以外の人物は全て教師が担当してください。「会話1、2」の練習の後で、実習生自身について同様のQA練習をしてください。

〔タスク1〕

　　ここで年齢を言うための数字をまとめて練習しましょう。教材(4)のカードを黒板に貼ったり、実習生に配ったりして100までの数字の口ならしをしてください。

〔タスク2〕

　　この課の運用目標である自己紹介と他の人の簡単な紹介を教材(3)の紹介の絵カードを示した後、実際にさせてください。実習生がまだ自力でできないときは教師がすぐに一緒に言い、緊張を与えないようにするといいでしょう。

第2課

1. 運用目標

(1) 分からないときに聞いたり、確認したりできる。

(2) 4桁までの単純な数字を言ったり、聞き取ったりできる。

(3) 自分のものなのか、誰のものなのか、所有の表現ができる。

(4) 簡単な買い物ができる。

2. 準備する教材

(1) 「新しいことば」に書かれている品物の実物か絵カード

(2) 「練習2」1.のイラストと同様の絵

(3) 「練習2」2.のイラストと同様の絵（レストランでメニューを見て注文している）

(4) コーヒーやラーメンの絵が入ったメニュー用カード

3. 指導法

〔練習１〕

　　　　教材(1)の実物か絵カードを使って置き換え練習をしてください。「～さんの～」は実物や品物の絵にうすく、読みにくく名前を書いておいたものを使って練習すると臨場感がでていいと思います。

〔練習２〕

　　1.　教材(2)を使って教師の質問に実習生が答える形で練習してから、実習生同士でＱＡ練習をさせてください。

　　2.　教材(3)、(4)を使って場面設定をしてください。また、下の枠の中から、合う文を選んで会話を完成させてください。文字がまだ未習の場合は、教師が枠の中の文を読み上げて、実習生に選ばせる方法をとるといいでしょう。

　　　　その後、教室の机にクロスをかけてレストランに仕立て、教師が「食堂の人」になって会話練習をしましょう。

〔会話１〕〔会話２〕

　　　　「練習１」、「練習２」で練習した表現を実際の会話に近い形で練習します。教材(1)の実物か絵カードを使って練習するといいでしょう。教師が実習生以外の人物を担当して会話練習をしてください。

〔タスク１〕

　　1.　値札カードか黒板に書いた値段を読む練習
　　2.　教師が数字を読み上げてそれを書き取る練習

〔タスク２〕

　　　　値段を読む練習の後、教室をスーパーに見立て、教師が「スーパーの人」になって買い物練習をします。

第3課

1. 運用目標

(1) 日付、曜日、時間等について言える。

(2) 5桁までの単純な数字を言ったり、聞き取ったりできる。

(3) 簡単な予定や一日のスケジュール等が話せる。

2. 準備する教材

(1) 模型の時計

(2) 月毎のカレンダーと年間のカレンダー

(3) 「タスク2」のタイムスケジュール

3. 指導法

〔練習1〕

　　教材(1)の時計や(2)のカレンダーを使って練習してください。

〔練習2〕

1. 教材(2)のカレンダーを使って実際の日付、曜日で練習してから、「練習2」のイラストを使って、教師が両方の選択肢を読み上げてどちらかを実習生に選ばせて言わせる。文字が既習の場合は実習生に順に読ませて進めていく形をとるといいでしょう。

2. 教材(2)のカレンダーを使って練習した後、「練習2」のイラストを使って、教師の質問に実習生が答える形で練習します。最後に、実習生同士でQA練習をさせてください。

〔会話1〕〔会話2〕

　　「練習1」、「練習2」で練習した表現を実際の会話に近い形で練習します。教師が実習生以外の人物を担当して会話練習をしてください。

〔タスク1〕

　　数字をまとめて練習しましょう。黒板に数字を書いて、教師と実習生と一緒に読んで数字の口ならしをしてください。

〔タスク2〕

  教材(2)のカレンダーを使って練習してください。

〔タスク3〕

  イラストを使って教師が質問して実習生が答える形で練習してから、
  実習生同士でQA練習をさせてください。

〔タスク4〕

  実習生自身の一日のスケジュールについて話し合いをさせてください。
  文字が既習の場合は話し合いの後、各自に書き込ませてください。

第4課

1. 運用目標

(1) これ、それ、あれ、この〜、その〜、あの〜を聞いて理解ができ、反応で
きる。

(2) 6桁までの単純な数字を言ったり、聞き取ったりできる。

(3) ひとつ、ふたつ、〜つ、〜枚等を使って数えたり、買い物したりできる。

2. 準備する教材

(1) 2課の練習1で使用した品物の実物か絵カードや、学習対象の実習生
がよく使う工具類の実物か、絵カード

(2) 値段の違う切手とはがきをそれぞれ10枚位、その他、シャツ、ハンカチ等
枚で数えるものの実物か絵カード

(3) りんご、みかん、けしゴム、ドライバー等、〜つで数えられるものの実物
か、絵カード

(4) 2課の教材(4)のメニュー

(5) 練習2のイラストと同様の絵カード

(6) 傘2本か傘の絵カード2枚

3. 指導法

〔練習1〕

1.～3. 教材(1)の品物を教師のそば（これ、この～）、答える実習生のそば（それ、その～）、教師、実習生両方から離れているところ（あれ、あの～）に置いてから練習をしてください。

4. 教材(2)(3)を使って買い物する動作と一緒に練習します。

5. 教材(4)のメニューを使って練習するといいでしょう。

〔練習2〕

1. 教材(5)のイラストや実物等を使って教師が質問して実習生が答える形で練習してから、実習生同士でＱＡ練習をします。

2. 教材(3)のりんごの実物か模型をよっつ以上、または絵カードを使い、教師が「店の人」になって、買い物練習をします。この会話の発展練習として、教材(2)(3)を使っていろいろな物の買い物練習もできたらいいでしょう。

　　文字が既習だったら上記の口頭練習のあとで書き込ませるか、宿題にして、もう一度学習の確認をするといいでしょう。

〔会話1〕〔会話2〕

「練習1」、「練習2」で練習した表現を、より実際の会話に近い形で練習します。今まで同様、日本人の役は教師がしてください。

〔タスク1〕

1.(1) 黒板に数字を書いて、教師と実習生と一緒に読む練習をします。覚える必要はありません。発音練習を兼ねてリズミカルに言いましょう。

(2) 教材(3)やイラストを使って(1)と同様に練習してください。

2. 教師が数字を読み、実習生が書き取る練習です。数字の桁は実習生の聞き取りレベルに合わせて変えてください。

〔タスク2〕

    1.2.　教師が「店の人」になり、教材(6)の傘を使って買い物練習をします。

    そのあと、傘の値段を書き込ませます。

    3.　同様に品物を換えて練習します。

第5課

1.　運用目標

(1)　日付、曜日、時間等を使って簡単な予定や一日のスケジュール等、4課の
発展表現ができる。

(2)　動詞文の導入として、「行く」、「来る」、「寝る」、「起きる」の4動詞を使っ
て簡単な会話ができる。

2.　準備する教材

(1)　スーパー、デパート、工場等場所の絵カード

(2)　月毎のカレンダーと年間のカレンダー

(3)　いろいろな方面行きのバスが発車するバスのりばの絵(練習2.2.(1)の会話
場面用)

(4)　駅員の絵

(5)　電車のホームの絵（練習2.2.(2)の会話場面用）

3.　指導法

〔練習1〕

    教材(1)の場所の絵や(2)のカレンダーを使って練習してください。

〔練習2〕

    1.　「今日」、「きのう」、「あした」、「あさって」、「おととい」等の復習や、
「毎日」、「19〜年」等あたらしいことばを教材(1)の場所の絵や(2)のカレ
ンダーを使って練習してください。

文字が既習の場合は実習生に順に読ませて進めていく形をとった後で、教室で書き込ませるか、宿題にすることもできます。

2. 教材(3)と(4)の絵と、1課教材(1)のコーさんの絵とを黒板に貼って、この会話のかわされている状況を実習生に理解させてから、会話練習に入ります。「駅の人」の役は教師が、「コー」を実習生がするといいでしょう。

〔会話1〕〔会話2〕

　　「練習1」、「練習2」で練習した表現を実際の会話に近い形で練習します。日本人の役は教師が担当して会話練習をしてください。

〔タスク1〕

　　教材(1)の場所の絵や(2)のカレンダーを使って練習してください。

〔タスク2〕

　　教師が質問して実習生が答える形で練習してから、実習生同士でQA練習をさせてください。

第6課

1. 運用目標

(1) 4課、5課の集大成として日付、曜日、時間等を使って簡単な予定や一日のスケジュール等の表現が言え、「食べる」、「飲む」、「見る」等、生活に使う基礎動詞を使って簡単な会話ができる。

(2) 人を誘ったり誘われたりするときの表現ができる。

2. 準備する教材

(1) 以下の(a)、(b)、(c)、(d) 4枚の絵カード

(a) テレビ、ビデオ、映画の絵

(b) テープ、ラジオ、CDの絵

(c) コーヒー、ビール、お茶、ジュース等の飲み物の絵

(d) 勉強、仕事、会議の絵

(2) 「起きる」、「食べる」、「見る」、「買う」、「飲む」、「聞く」、「勉強」する等動詞の絵

3. 指導法
〔練習 1〕

1.2. 教材(1)(a)と(2)の「見る」を下のように黒板に貼って口頭練習をします。

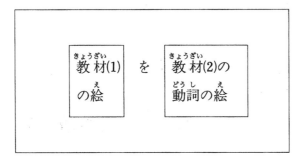

教師は該当する絵を指しながら「テレビを見ます。」、「ビデオを見ます。」、「映画を見ます。」と言い、実習生は後について言います。次に教師は黙って該当する絵を指し、実習生が文を言います。教材(1)(b)と(2)の「聞く」を黒板に貼って同様に練習します。

3. 1課教材(1)の登場人物のコーさんと佐藤指導員を黒板に貼って、教師が一人二役で会話をしてから、実習生の一人を誘います。この時、実習生はまだ話せませんので、教師の後についてリピートさせます。教師は本当に連れだって教室の端の方まで行って一緒にコーヒーを飲む動作をします。その後、飲み物をいろいろ換えて練習します。

4. 「勉強をはじめましょう。」は毎日教室用語として使っていますから、新出の「仕事」、「会議」の意味を生活用語集（付録）で確認してから教材(1)の絵を使って練習します。

〔練習 2〕

「毎朝」、「時々」、「今晩」は新出語彙なので意味を理解させてから、「毎日」、「きのう」、「今朝」、「あした」等既習の、時の副詞の復習をします。

その後、練習1と同様に口頭練習をします。

　文字が既習の場合は実習生に順に読ませて進めていく形をとった後で、教室で書き込ませるか、宿題にすることもできます。

〔会話1〕〔会話2〕

　前課と同様に練習してください。

〔タスク1〕

　コーさんの一日のスケジュールを見ながら言います。このレベルの文が読める実習生の場合は、書き込まれてある文を全員で読んでから、空白の部分をスケジュールを見ながら言わせていきます。その後、教室で書き込ませるか、宿題にします。まだ文字が読めない場合は、スケジュールを見ながら教師と実習生と一緒に言う練習をしてから、個々の実習生に文を作らせます。

〔タスク2〕

　教師が質問して実習生が答える形で練習してから、実習生同士で話し合いをさせてください。

第7課

1. 運用目標

(1) 場所、手段、交通手段の「で」を使って、いくらかの長い動詞文が言える。

(2) どのぐらい時間がかかるかが言える。

2. 準備する教材

(1) 5課教材(1)の場所の絵と会社の絵カード

(2) 2課教材(1)の工具類の実物か絵カード

(3) バス、電車、自転車、車等乗り物の絵カード

(4) 「タスク1」のイラストの乗り物と場所の絵

(5) 「タスク2」のイラストの絵

3．指導法

〔練習1〕

　　　教材(1)(2)(3)を使って練習してください。

〔練習2〕

　　　文字が既習の場合は実習生に順に読ませて進めていく形をとった後で、教室で書き込ませるか、宿題にすることもできます。

　　　文字がまだ読めない場合は教師が口頭で提示して進めます。

〔会話1〕、〔会話2〕

　　　前課と同様に練習してください。

〔タスク1〕

　　　場所と乗り物の絵を黒板に貼って、質問文を練習します。

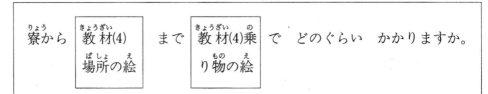

　　　2日後位の日を指定して、その日までに指導員や同僚、先輩等の日本人に上記の質問をして答えを聞いてくるように指示します。指定した授業の日に実習生に「寮から〜まで〜かかります。」という練習をさせます。

〔タスク2〕

　1.2.　教材(5)を使って教師が質問し、実習生が答える練習をします。

　3．　同様のQAを実習生同士にさせてください。

第8課

1．運用目標

　(1)　動詞文の総まとめとして、時間、場所、交通手段等を入れた文が言える。

２．準備する教材

5課から7課までで使った教材を適宜使用します。

３．指導法

〔練習1〕

　　　前課と同様に練習してください。

〔練習2〕

　　　文字が既習の場合は実習生に順に読ませて進めていく形をとった後で、教室で書き込ませるか、宿題にすることもできます。

　　　文字がまだ読めない場合は教師が口頭で提示して進めます。

〔会話1〕、〔会話2〕

　　　前課と同様に練習してください。

〔タスク1〕

　　　教師はその日の授業のあとでスーパーに行って何か必要なものを買って来るように実習生に指示します。そして、翌日報告できるように7項目の質問を前もって知らせておきます。質問文を書いたものを渡すか、教師が読み上げて母語でもいいから実習生に書きとめさせるようにします。文字指導のレベルによっては、質問文の答えを宿題として書いてくるように言い、翌日教室で報告する形にしてもいいでしょう。

〔タスク2〕

1.　文字が既習の場合は実習生に順に読ませて進めていく形をとった後で、コーさんの一日について教師が質問します。たとえば「コーさんは誰と朝ご飯を食べましたか。」等。文字がまだ読めない場合は教師がゆっくり読んで聞き取らせます。その時母語で内容をメモさせるといいでしょう。

2.　今度は実習生自身について教師が質問して実習生が答えます。その後、実習生同士で話し合います。

実習生の文字習得のレベルによって、毎日か、一日置きか、一週間に一回程度でもいいですから日記を書かせるようにしていくといいでしょう。

第9課

1. 運用目標

(1) 好みを聞いたり、答えたりできる。
(2) 何が上手か下手かが表現できる。
(3) 体の不調を訴えることができる。

2. 準備する教材

(1) 2課教材(1)、6課教材(1)の絵カード
(2) 9課「新しいことば」の「肉」、「砂糖」、「ミルク」、「へび」、「犬」、「猫」、「たばこ」、「薬」の絵カード
(3) 9課「新しいことば」の「ピンポン」、「サッカー」、「ギター」、「料理」の絵カード
(4) 9課「新しいことば」の「病気」、「病院」、「喉」、「歯」、「おなか」、「頭」の絵カード

3. 指導法

〔練習1〕

1.～3. 教材(1)(2)を使って練習します。
4. 教材(3)を使って練習します。
5. 教材(4)を使って練習します。また、実際に痛い箇所を押さえながら臨場感をだして練習させてください。

〔練習2〕

前課と同様に練習します。また宿題としても使えます。

〔会話1〕、〔会話2〕

　　　前課と同様に練習してください。

〔タスク1〕

　　　実習生各自に、他の実習生や指導員、会社の同僚、上司、先輩等から8項目がそれぞれ好きか嫌いかを聞いて、表に○×をつけさせる作業を指示します。

〔タスク2〕

　　　実習生に「タスク1」で作成した○×のついた表を見ながら、例のように報告をさせてください。

第10課

1．運用目標

(1)　形容詞（日本語教育では「い形容詞」）を使って感想が言える。

2．準備する教材

(1)　この課にでてくる形容詞の絵カード（「長い、短い」「大きい、小さい」のように反対語をセットに1枚の絵カードにして作成）

3．指導法

〔練習1〕

　　　教材(1)を使って練習します。

〔練習2〕

　　　前課と同様に練習します。また宿題としても使えます。

〔会話1〕、〔会話2〕

　　　前課と同様に練習してください。

〔タスク1〕

　　　650円のビールの絵、250円のコーヒーの絵、3万円のカメラの絵

2万円のテレビの絵、80万円の車の絵を使って教師が質問します。実習生に各自の感覚で高いとか、安いとか、大きいとか、小さいとか、新しいとか、古いとかの感想を言わせます。特に正解はありません。

〔タスク2〕
　教室で「タスク1」での教師の質問文を実習生に練習させてから、宿題として、他の実習生や日本人に質問してくるように指示し、翌日報告させます。

〔タスク3〕
　実習生の国ではどうかを教師が質問して実習生が答えるＱＡ練習をします。

〔タスク4〕
　実習生同士でお互いの国でのようすを話します。

第11課

1．運用目標

(1)　形容動詞（日本語教育では「な形容詞」）を使って感想が言える。

2．準備する教材

(1)　この課にでてくる形容動詞（な形容詞）の絵カード

3．指導法

〔練習1〕
　教材(1)を使って練習します。

〔練習2〕
　まず口頭練習で肯定形、否定形の練習をします。そのあと、教室作業で実習生に順に読ませながら進めていきます。最後に、宿題として書き込みをするように指示します。

〔会話1〕、〔会話2〕

　　前課と同様に練習してください。

〔タスク〕

　　教師はイラストのAさん、Bさんの絵を見ながら「Aさんはハンサムな人ですか。」「Bさんは背がたかいですか。」等と質問します。そのあと、教室作業で実習生に順に読ませながら進めていきます。最後に、宿題として書き込みをするように指示します。

第12課

1. 運用目標

(1)　物の所在を聞いたり、その答えを理解できる。

(2)　上、下、中等の位置詞を使った文を聞いて理解し、自分でも言える。

(3)　人がいるか、いないかを聞いたり、それを理解したりできる。

2. 準備する教材

(1)　ドライバー、ペンチ、ボルト等実習生が使う工具類

(2)　作業場、倉庫等の絵または写真

(3)　実習生の住んでいる地域の地図（教師が簡単な地図をかく）

(4)　会話1のイラストを拡大したような地図

(5)　タスク1のイラストを拡大した絵

3. 指導法

〔練習1〕

1.3.　授業の始まる前に教材(1)の色々な工具を色々なところに置いておきます。そして、工具類の名前の確認や上、下、中等の位置詞の学習をしてから、教師は「スパナはどこ。どこにありますか。」等とあちこち探す動作をしながら実習生に実際に所在を聞き、「先生、あそこです。」「え

っ、どこ。」「テレビの上です。」「ああ、テレビの上ね。ありました。」の
ようなやりとりをたくさんしてから、置き換え練習に入ると効果的で
す。

2.4　実習生の同僚や上司等実在の人物名を使って、本当にその人のその
時の所在を聞く形で進めるといいでしょう。

5．教材(3)の地図や(4)の地図を使って練習します。

〔練習2〕

　　まず口頭でQA練習をします。そのあと、教室作業で実習生に順に読
ませながら進めていきます。最後に、宿題として書き込みをするように指
示します。

〔会話1〕、〔会話2〕

　　前課と同様に練習してください。

〔タスク1〕

　　実習生は、教材(5)か教科書のイラストを見ながら教師の質問に答えま
す。

〔タスク2〕

　　実習生同士でイラストを見ながらQA練習をします。

第13課

1．運用目標

(1)　自分の欲求や希望を表現できる。

(2)　どうしてそうなのか理由を尋ねたり、尋ねられたときに答えることができ
る。

2．準備する教材

(1)　今まで使用してきた飲み物や食べ物の絵カードや、品物の絵カード

(2)　タスク1，1.のイラストを拡大した絵

(3) タスク1，2.のイラストを拡大した絵

(4) タスク1，3.のイラストを拡大した絵

3．指導法
〔練習1〕

1.2. 教師がマラソンかジョギングの動作を続けたあと、汗をかいて疲れたしぐさで座りこみ、「水、水、水。」と言ってから、飲む動作をしながら、「水が飲みたいです。」と言います。そして、「すみません、～さん、水をください。」と実習生に頼み、水をもらって飲み干す動作をして、「おいしい。どうもありがとう。」と言います。次に、黒板に大きく、12時を指している時計をかき、おなかのすいた動作と共に「ラーメン。」と言います。実習生が「ラーメンが食べたいですか。」とすぐに言えればいいですが、まだ口から出てこなければ、教師が「ラーメンが食べたいです。」と言います。そのあと、教材(1)(2)を使って置き換え練習をします。

3. 教師は「ここから、～スーパーまで歩いて30分かかります。自転車で10分です。私は自転車がありません。自転車がほしいです。」、「部屋にテレビがありません。テレビがほしいです。」等と言います。このように「ほしいです。」の意味を理解させてから、教材(4)を使って置き換え練習をします。

4. 「どうして～ですか」「～から」は生活用語集（付録）で意味を理解させてから置き替え練習に進みます。

〔練習2〕

まず口頭でQA練習をします。その後、教室作業で実習生に順に読ませながら進めていきます。最後に、宿題として書き込みをするように指示します。

〔会話1〕、〔会話2〕

　　　前課と同様に練習してください。

〔タスク1〕

　　　実習生は、教材(2)(3)(4)か教科書のイラストを見ながら教師の質問に答えます。その後、実習生同士でＱＡ練習します。

第14課

1．運用目標

　(1)　何が分かるか分からないかが言える。

　(2)　何ができるかできないかが言える。

2．準備する教材

　(1)　「分かる」、「できる」の絵カード

3．指導法

〔練習1〕

　　　教材(1)を使って練習します。

〔練習2〕

　　　口頭で動詞文「〜ます」の形と「〜することができます」の形を練習します。そのあと、教室作業で実習生に順に読ませながら進めていきます。

　　　最後に、宿題として書き込みをするよう指示します。

〔会話1〕、〔会話2〕

　　　前課と同様に練習してください。

〔タスク1〕

　　　教師が具体的にいろいろなことができるかどうかを実習生に質問します。次に実習生同士でＱＡ練習をします。

〔タスク2〕

　　実習生自身に自分が何ができるかを言わせます。実習生が自分で言えない場合は、教師の質問に答えてからそれを叙述させます。

　　「タスク1、2」共に、上記のように口頭練習をしたあと、教室作業で実習生に順に読ませながら進めていきます。最後に、宿題として書き込みするように指示します。

第15課

1. 運用目標

(1)　指導員や周囲の日本人の命令口調の指示を聞いて理解し、行動できる。

(2)　指導員や周囲の日本人の禁止表現を聞いて理解し、行動できる。

　　この課では話す練習は必要ありません。教師が命令したり、強い口調で禁止したりすることに反応して行動できるようになることが目標です。

2. 準備する教材

(1)　「横断禁止」、「撮影禁止」、「使用禁止」、「禁煙」、「立入禁止」、「火気厳禁」、「危険」、「入口」、「出口」等標識のカード（片面は日本語、反対側には訳が書いてあるもの）

(2)　練習2のイラスト⑦⑧⑨⑩⑪を拡大した絵カード

3. 指導法

〔練習1〕

　　命令口調の指示に反応し行動する練習をします。

　　教師が手招きする動作をしながら、「集まれ。」と言います。実習生は最初分からないので、教師は実習生の所に行って、一緒に集合場所に移動します。実習生に動作で指示して席に戻らせてから、もう一度、「集まれ。」と言います。実習生は今度は自分たちで行動します。同様に次の指示をだ

します。一つ一つの指示に反応して行動する訓練をしてから、再度順不同で練習します。

　次に禁止の表現に移ります。実習生一人一人に、順次、「来い。」、「行け。」等の命令をし、次の実習生も同様に指示されると思わせたところに、体を押さえるような動作をしながら「行くな。」と言います。「立て。」、「立て。」、「立て。」、「あっ、立つな。」等。

〔練習2〕

　教材(1)(2)を使って、口頭で左の文を意味している標識か絵を選ぶ練習をします。教室作業で実習生に順に読ませながら進めていきます。最後に宿題として番号を入れてくるように指示します。

〔会話1〕、〔会話2〕

　前課と同様に練習してください。

〔タスク1〕

　「先生の言うとおりにうごきましょう」で、1日10分〜15分練習している項目なので、実習生は教師の指示ですぐ行動できるはずですが、復習と、命令の形への橋渡しを兼ねて、ここでもう一度練習します。

〔タスク2〕

　「タスク1」で練習した動詞の命令の形での指示に対して、すぐ行動できるようにします。

第16課

1. 運用目標

(1) 動詞の「〜てください」の形を使って、依頼の表現ができる。

(2) 動詞の「〜ています」の形を使って、継続の描写表現ができる。

(3) 動詞の「〜ないでください」の形を使って、禁止依頼の表現ができる。

2．準備する教材

(1)　6課の教材(2)の動詞絵カード

(2)　練習2のイラストを拡大した絵カード

3．指導法

〔練習1〕

　　教材(1)を使って練習します。

〔練習2〕

　　口頭で動詞文「〜ます」の形と「〜しています」の形を練習します。そのあと、教室作業で実習生に順に読ませながら進めていきます。最後に、宿題として書き込みするよう指示します。

〔会話1〕、〔会話2〕

　　前課と同様に練習してください。

〔タスク1〕

　　「先生の言う通りに動きましょう」で毎時間練習を重ね、15課で命令形を聞いて動作をする練習をしています。ここでは「〜してください」の指示文を少し発展させた形で、どんどん指示を出して実習生に動作をさせてください。

〔タスク2〕

　　A、B二つのグループに分け、A班の実習生の一人がカードに書かれたやさしい文（例文参照）を読んで、その動作をします。B班はその動作を見て、何をしているかを「〜さんは〜しています。」と答えさせます。このようなジェスチャーゲームをしながら、楽しい雰囲気で話す練習をします。

第17課

1. 運用目標

(1) 動詞の「～て」の形を使って、文を接続し、長い文が言える。

(2) 形容詞「～て」の形を使って、文を接続した表現ができる。

(3) 何かをしてもいいかどうか許可を求めることができる。

2. 準備する教材

(1) 練習1ではじめてでてくる動詞、形容詞の絵カード

(2) 6課の教材(2)の動詞絵カード

(3) 10課教材(1)「い形容詞」、11課教材(1)「な形容詞」絵カード

(4) 15課教材(1)のカード

3. 指導法

〔練習1〕

1.～4. 教材(1)(2)(3)を使って練習します。

5.6. 教材(4)を使って練習します。「禁煙」のカードを黒板に貼って、その横で教師がたばこを吸う動作をしながら「いいですか。」、「いい？」と実習生に聞いた後、「ここでたばこを吸ってもいいですか。」ともう一度聞きます。「いいえ。」とか「いいえ、吸わないでください。」と15課、16課で学習した表現で答えられれば嬉しいですが、「いいえ。」だけでも言えたら、「～してもいいですか」が理解できたということなのでいいでしょう。次に、やはり15課で学習した、「撮影禁止」のカードを黒板に貼って、カメラを持って写真を撮ろうとしながら「いい？」「いいですか。」と同様に進めます。今度は、練習したので「いいえ、写真を撮らないでください。」と答えられるでしょう。そうしたら、教師は「どうしてですか。」と聞き、「撮影禁止ですから。」という答えを引き出します。

〔練習2〕

1. 口頭練習で「〜ます」の形の動詞文三つを「〜て、〜て、〜ます」の形で接続します。その後、教室作業で実習生に順に読ませながら進めていきます。最後に、宿題として書き込みするように指示します。

2. 口頭練習で「〜ます」の形の動詞文を「〜してもいいですか」に直させます。「〜してください」あるいは「〜しています」の形の練習をしてから入るといいでしょう。

　　　「暑いですね。すみません、〜さん、まどを開けてください。」と実習生に依頼し、実際にまどを開けてもらいます。その後、すこし時間をおいて、「すみません、みなさん、まどを閉めてもいいですか。」と実習生全員に聞きます。「はい、いいです。どうぞ。」という表現を引き出します。教師が一緒に言ってから、もう一度同じ質問をして、実習生自身に答えさせます。それから、教師がまどを閉めます。つまり、「〜してください」は相手への依頼の表現なので、発話者は動作をしませんが、「〜してもいいですか」は発話者自身の行為の許可依頼なので、発話者自身が動作をします。その違いを実際の動作のやりとりで理解させます。

〔会話1〕、〔会話2〕

　　前課と同様に練習してください。

〔タスク1〕

　　ABCの文を教師と実習生と一緒に読みます。その後、実習生に順に例のように文を選ばせて、ABCを接続します。実習生がよく分からない時は、教師がいくつか一緒に練習してください。

〔タスク2〕

　　動詞の「〜て」の形を使って、実習生自身の一日をひとりずつ話してもらいます。自力で言えない実習生には、教師や他の実習生が質問をして、それに答える形のQA練習をします。

　　「タスク1、2」共に、上記のように口頭練習をした後、実習生のレベ

ルによっては、最後に、宿題として翌日までに書いてくるように指示します。

第18課

1. 運用目標

(1) 1課から18課までに出てきたいろいろな表現が使える。

(2) 友だち同士の言い方（日本語教育では「普通体」）の表現を理解して、応答ができ、行動ができる。

(3) 簡単な普通体の表現を友だち同士で話せる。

2. 準備する教材

(1) 今まで使用した教材

3. 指導法

〔練習1〕

教材(1)の色々な絵教材を使って、「ていねいなことば」と「ともだちのことば」の活用を練習します。

〔練習2〕

動詞文を辞書の形から「～ます」の形に変換する口頭練習をします。その後、教室作業で実習生に順に読ませながら進めていきます。最後に、宿題として書き込みをするように指示します。

〔会話1〕、〔会話2〕

前課と同様に練習してください。

〔タスク〕

実際に、はがき、便箋、封筒等を用意して、教室で周囲の日本人に手紙を書いて、皆で郵便局に行き、封書の場合は各自で切手を買って、ポストに入れます。はがきや、便箋に書く前に、教師が用意した紙に練習してか

ら、清書するようにします。
　時期によって、「暑中見舞い」とか、「年賀状」とかの書き方の指導も入れるといいでしょう。

外国人技能実習生のための
日 本 語
—— 生活基礎編 ——

公益財団法人　国際人材協力機構

は じ め に

外国人技能実習生は、日本で修得した様々な技能、技術、知識を、帰国後に発揮することによって自己の職業生活の向上に役立て、それぞれの出身国の経済・産業発展に寄与する人材となることが期待されています。風俗や習慣の異なる日本での生活に慣れ親しみ、心身ともに健康な状態で滞在しながら、より効果的に目標を達成するためには、まず、コミュニケーションの要となる日本語能力を身につける必要があります。

本書は、技能、技術を修得し、地域社会で生活し、周囲の人々と良い人間関係を作るために求められる日本語の中で、特に基礎的な項目に限定してまとめました。日常生活における必要最低限のコミュニケーションができることを目標に、基本的な会話にとりくんでください。

公益財団法人国際人材協力機構

i

目次
もく　じ

iv

〔生活用語集〕

ひらがな・カタカナ

文字を 覚えましょう。

	a	i	u	e	o
	あ	い	う	え	お
k	か	き	く	け	こ
s	さ	し(shi)	す	せ	そ
t	た	ち(chi)	つ(tsu)	て	と
n	な	に	ぬ	ね	の
h	は	ひ	ふ	へ	ほ
m	ま	み	む	め	も
y	や		ゆ		よ
r	ら	り	る	れ	ろ
w	わ				を
	ん (n)				

	a	i	u	e	o
	ア	イ	ウ	エ	オ
k	カ	キ	ク	ケ	コ
s	サ	シ(shi)	ス	セ	ソ
t	タ	チ(chi)	ツ(tsu)	テ	ト
n	ナ	ニ	ヌ	ネ	ノ
h	ハ	ヒ	フ	ヘ	ホ
m	マ	ミ	ム	メ	モ
y	ヤ		ユ		ヨ
r	ラ	リ	ル	レ	ロ
w	ワ				ヲ
	ン (n)				

	a	i	u	e	o
g	が	ぎ	ぐ	げ	ご
z	ざ	じ(ji)	ず	ぜ	ぞ
d	だ	ぢ(ji)	づ(zu)	で	ど
b	ば	び	ぶ	べ	ぼ
p	ぱ	ぴ	ぷ	ぺ	ぽ

	a	i	u	e	o
g	ガ	ギ	グ	ゲ	ゴ
z	ザ	ジ(ji)	ズ	ゼ	ゾ
d	ダ	ヂ(ji)	ヅ(zu)	デ	ド
b	バ	ビ	ブ	ベ	ボ
p	パ	ピ	プ	ペ	ポ

	a	u	o
ky	きゃ	きゅ	きょ
sh	しゃ	しゅ	しょ
ch	ちゃ	ちゅ	ちょ
ny	にゃ	にゅ	にょ
hy	ひゃ	ひゅ	ひょ
my	みゃ	みゅ	みょ
ry	りゃ	りゅ	りょ
gy	ぎゃ	ぎゅ	ぎょ
j	じゃ	じゅ	じょ
by	びゃ	びゅ	びょ
py	ぴゃ	ぴゅ	ぴょ

	a	u	o
ky	キャ	キュ	キョ
sh	シャ	シュ	ショ
ch	チャ	チュ	チョ
ny	ニャ	ニュ	ニョ
hy	ヒャ	ヒュ	ヒョ
my	ミャ	ミュ	ミョ
ry	リャ	リュ	リョ
gy	ギャ	ギュ	ギョ
j	ジャ	ジュ	ジョ
by	ビャ	ビュ	ビョ
py	ピャ	ピュ	ピョ

数字
<ruby>数<rt>すう</rt></ruby><ruby>字<rt>じ</rt></ruby>

<ruby>数<rt>かず</rt></ruby>を　<ruby>数<rt>かぞ</rt></ruby>えましょう。

0	1	2	3	4	5	6	7	8	9	10	100	1000	10000
	一	二	三	四	五	六	七	八	九	十	百	千	万
れい ゼロ	いち	に	さん	し よん	ご	ろく	しち なな	はち	きゅう く	じゅう	ひゃく	せん	まん

［例］　１９９６　　　　　　　　　　　　　　２５３，９０６

千九百九十六　　　　　　　　　　　二十五万三千九百六

せんきゅうひゃくきゅうじゅうろく　　にじゅうごまんさんぜんきゅうひゃくろく

いくら

1円	2円	3円	4円	5円	6円	7円	8円	9円	10円
いちえん	にえん	さんえん	よえん	ごえん	ろくえん	ななえん	はちえん	きゅうえん	じゅうえん

いくつ

1つ	2つ	3つ	4つ	5つ	6つ	7つ	8つ	9つ	10
ひとつ	ふたつ	みっつ	よっつ	いつつ	むっつ	ななつ	やっつ	ここのつ	とお

なんにち

1日	2日	3日	4日	5日	6日	7日	8日	9日	10日
ついたち	ふつか	みっか	よっか	いつか	むいか	なのか	ようか	ここのか	とおか

なんにん

1人	2人	3人	4人	5人	6人	7人	8人	9人	10人
ひとり	ふたり	さんにん	よにん	ごにん	ろくにん	ななにん	はちにん	きゅうにん	じゅうにん

なんかい

1回	2回	3回	4回	5回	6回	7回	8回	9回	10回
いっかい	にかい	さんかい	よんかい	ごかい	ろっかい	ななかい	はっかい	きゅうかい	じゅっかい

なんさい

1才	2才	3才	4才	5才	6才	7才	8才	9才	10才
いっさい	にさい	さんさい	よんさい	ごさい	ろくさい	ななさい	はっさい	きゅうさい	じゅっさい

教室のことば

1. いっしょに　言いましょう。
   はじめましょう。
   勉強しましょう。
   休みましょう。
   おわりましょう。

2. 先生に　言いましょう。
   はい。
   いいえ。
   わかりません。
   わかりました。
   ありがとうございました。
   すみません。
   ゆっくり　おねがいします。
   もう一度　おねがいします。

あいさつ

あいさつを　しましょう。
   おはようございます。
   こんにちは。
   こんばんは。
   さようなら。
   行ってきます。(行ってらっしゃい。)
   ただいま。(お帰りなさい。)
   おやすみなさい。

先生の 言うとおりに うごきましょう

新しいことば

先生　　　本　　　　ノート　　　ボールペン　名前　　　　ドア　　　　まど
カーテン　電気　　　テレビ　　　ラジオ　　　こくばん　　～ページ

出してください　　しまってください　　開けてください　　読んでください
聞いてください　　閉じてください

立ってください　　来てください　　　書いてください　　帰ってください
すわってください　歩いてください　　走ってください　　止まってください
つけて　　　　　　消して　　　　　　閉めて

ゆっくり　　もっと　　　はやく

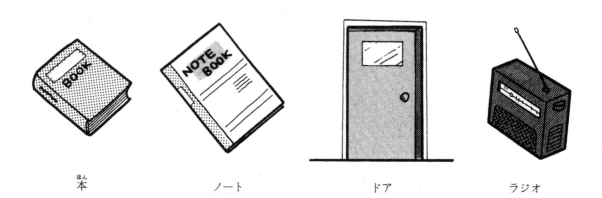

本　　　　　　　　ノート　　　　　　　ドア　　　　　　　ラジオ

— 4 —

1．先生：　__本__を　出してください。（ノート、ボールペン）
　　　　　__本__を　しまってください。（ノート、ボールペン）

2．先生：　本を　出してください。
　　　　　開けてください。
　　　　　__9ページ__を　開けてください。（21ページ、30ページ）
　　　　　読んでください。
　　　　　聞いてください。
　　　　　閉じてください。
　　　　　しまってください。

3．先生：　本を　出して、開けてください。
　　　　　7ページを　開けて、読んでください。
　　　　　本を　閉じて、しまってください。

4．先生：　立ってください。
　　　　　すわってください。
　　　　　立ってください。
　　　　　ここに　来てください。
　　　　　名前を　書いてください。
　　　　　こくばんに　名前を　書いてください。
　　　　　帰ってください。
　　　　　すわってください。
　　　　　ノートと　ボールペンを　出してください。
　　　　　ノートを　開けて、名前を　書いてください。

5．先生：　立ってください。
　　　　　歩いてください。
　　　　　走ってください。
　　　　　止まってください。

6．先生：　＿＿ドア＿＿　を　開けて。　　　（まど、カーテン）
　　　　　　＿＿ドア＿＿　を　閉めて。　　　（まど、カーテン）

7．先生：　＿＿電気＿＿　を　つけて。　　（テレビ、ラジオ）
　　　　　　＿＿電気＿＿　を　消して。　　（テレビ、ラジオ）

8．先生：　立ってください。
　　　　　　歩いてください。
　　　　　　ゆっくり　歩いてください。
　　　　　　もっと　ゆっくり　歩いて。
　　　　　　はやく　歩いてください。
　　　　　　もっと　はやく　歩いて。
　　　　　　止まってください。
　　　　　　帰ってください。
　　　　　　すわってください。

9．先生：　ここへ　来て、こくばんに　＿＿名前＿＿　を　書いて。（あ、にほん）

10．先生：　ドアを　閉めてください。
　　　　　　まども　閉めてください。
　　　　　　カーテンも　閉めてください。
　　　　　　カーテンを　開けて、まども　開けて。
　　　　　　まどを　閉めて、ドアを　開けて。
　　　　　　カーテンを　閉めて、ドアも　閉めて。

技能実習生

コー（中国人）

技能実習生

マリオ（インドネシア人）

指導員

佐藤

指導員

森

会社の上司

主任

会社の同僚

山田

会社の同僚

中村

第 ◆1◆ 課

基本の文

1. 私は　コーです。

2. 私は　タイ人ではありません。

3. あなたは　中国人ですか。
　　　　はい、そうです。

4. マリオさんも　中国人ですか。
　　　　いいえ、ちがいます。インドネシア人です。

5. コーさんは　27さいです。

新しいことば

コー	マリオ	中村	佐藤	森	タイ
中国	インドネシア	技能実習生	先生	私	あなた

～指導員　　何さい

～人　　　　～さん　　　　～さい

はい　　　　いいえ　　　　うん
ううん　　　そうです　　　ちがいます
～です　　　～ではありません
どうぞ　よろしく

～は　　　　～も　　　　～か

1～100

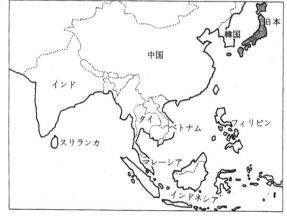

1．私は
わたし

コー
中国人 ちゅうごくじん
27さい
技能実習生 ぎ のうじっしゅうせい

です。

2．私は
わたし

マリオ
タイ人 じん
30さい
先生 せんせい

ではありません。

3．コーさんは

中国人 ちゅうごくじん
27さい
技能実習生 ぎ のうじっしゅうせい

ですか。　　　　はい、そうです。

4．コーさんは

タイ人 じん
30さい
先生 せんせい

ですか。　　　　いいえ、ちがいます。

5．

マリオさん
私 わたし
中村さん なかむら

も　27さいです。

練習2

1. 例：　私は　技能実習生 です。
　　　　　→私は　技能実習生ではありません。

(1)　私は　タイ人です。

　　　＿＿＿＿＿＿＿＿＿＿＿＿＿＿＿＿＿＿＿＿＿＿＿＿＿

(2)　先生は　中国人です。

　　　＿＿＿＿＿＿＿＿＿＿＿＿＿＿＿＿＿＿＿＿＿＿＿＿＿

(3)　私は　39さいです。

　　　＿＿＿＿＿＿＿＿＿＿＿＿＿＿＿＿＿＿＿＿＿＿＿＿＿

2. 例：　コーさんは　24さいですか。
　　　　　→いいえ、ちがいます。

(1)　コーさんですか。
　　　　　はい、＿＿＿＿＿＿＿＿＿＿＿＿＿＿＿＿＿＿＿＿＿

(2)　マリオさんは　中国人ですか。
　　　　　いいえ、＿＿＿＿＿＿＿＿＿＿＿＿＿＿＿＿＿＿＿＿

(3)　あなたは　何さいですか。
　　　＿＿＿＿＿＿＿＿＿＿＿＿＿＿＿＿＿＿＿＿＿＿＿＿＿

1. 佐藤指導員：　コーさんですか。
　　コー　　　：　はい、そうです。

2. 佐藤指導員：　コーさんは　タイ人ですか。
　　コー　　　：　いいえ、ちがいます。中国人です。

3. 佐藤指導員：　コーさんは　27さいですか。
　　コー　　　：　はい、そうです。

4. 佐藤指導員：　マリオさんは　何さいですか。
　　コー　　　：　マリオさんも　27さいです。

5. 佐藤指導員：　マリオさんも　中国人ですか。
　　コー　　　：　いいえ、中国人ではありません。インドネシア人です。

1. 森指導員　　：　コーさんか？
　　コー　　　：　はい、そうです。
　　森指導員　　：　コーさんは　タイ人？
　　コー　　　：　いいえ、中国人です。

2. 森指導員　　：　コーさんは　何さい。
　　コー　　　：　27さいです。
　　森指導員　　：　マリオさんは？
　　コー　　　：　マリオさんも　27さいです。

3. 中村　　　：　コーさんは　何さい。
　　コー　　　：　27。

4. 中村　　　：　コーさんは　タイ人？
　　コー　　　：　ううん、中国人。

5. 中村　　　：　コーさんは　中国人？
　　コー　　　：　うん。
　　中村　　　：　マリオさんも　中国人？
　　コー　　　：　ううん、インドネシア人。

数<ruby>かず</ruby>の　練習<ruby>れんしゅう</ruby>を　しましょう。

0	1	2	3	4	5	6	7	8	9
10	11	12	13	14	15	16	17	18	19
20	21	22	23	24	25	26	27	28	29
30	31	32	33	34	35	36	37	38	39
40	41	42	43	44	45	46	47	48	49
50	51	52	53	54	55	56	57	58	59
60	61	62	63	64	65	66	67	68	69
70	71	72	73	74	75	76	77	78	79
80	81	82	83	84	85	86	87	88	89
90	91	92	93	94	95	96	97	98	99
100									

9さい　14さい　28さい　41さい　57さい　60さい

じこしょうかいを　しましょう。ともだちを　しょうかいしましょう。

1．コー　：コーです。
　　　　　　中国人<ruby>ちゅうごくじん</ruby>です。
　　　　　　技能実習生<ruby>ぎのうじっしゅうせい</ruby>です。
　　　　　　27さいです。
　　　　　　どうぞ　よろしく。

2．コー　：マリオさんです。
　　　　　　マリオさんは　インドネシア人<ruby>じん</ruby>です。
　　　　　　マリオさんも　技能実習生<ruby>ぎのうじっしゅうせい</ruby>です。
　　マリオ：マリオです。どうぞ　よろしく。

—13—

第 2 課

基本の文

1. これは ペンチです。

2. これは コーさんの スパナです。

3. これは 私のです。

4. これは 1,000円です。

5. これを ください。

新しいことば

これ	社長	課長	山田	人［食堂の人］	名前
ペンチ	スパナ	ドライバー	ドリル	ボルト	ナット
ぐんて	とけい	かぎ	はさみ	ボールペン	かばん
くつ	シャンプー	せっけん	歯ブラシ	コーヒー	ラーメン
ぶた肉	さかな	店	食堂	寮	Aの6

何［何ですか］　　何［何？］　だれ　　いくら　　～円

ください　どうぞ　ありがとうございます　ええ　すみません
おねがいします

～の［食堂の人］　　～の［私のです］　　～を　　～ね

101～1000

かぎ

かばん

コーヒー

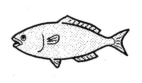
さかな

1. これは ペンチ です。
   スパナ
   ドライバー

2. これは 何ですか。　　　　　　　かぎ です。
   とけい
   かばん
   せっけん

3. これは コーさん の かばんです。
   私
   社長

4. これは だれの くつですか。　　マリオさん の です。
   中村さん
   課長

5. かぎ を ください。
   はさみ
   コーヒー

6. これは いくらですか。　　　　68円 です。
   397円

1. 例： コーさんは 何さいですか。
　　　　　→27さいです。

(1) これは 何ですか。

＿＿＿＿＿＿＿＿＿＿＿＿＿＿＿＿

(2) これは 何ですか。

＿＿＿＿＿＿＿＿＿＿＿＿＿＿＿＿

(3) これは だれの ですか。

＿＿＿＿＿＿＿＿＿＿＿＿＿＿＿＿

(4) これは いくらですか。

＿＿＿＿＿＿＿＿＿＿＿＿＿＿＿＿

2. コー　　　　　： すみません、**おねがいします。**
　食堂の人： はい。

　コー　　　　　： これは ＿＿＿＿＿＿＿＿
　食堂の人： ラーメンです。

　コー　　　　　： ＿＿＿＿＿＿＿＿＿＿
　食堂の人： 480円です。

　コー　　　　　： ＿＿＿＿＿＿＿＿＿＿
　食堂の人： はい、わかりました。

おねがいします	だれですか。	何ですか。
これを ください。	だれの ですか。	いくらですか。

1. コー　　　　　：　これは　ぶた肉ですか。
　　食堂の人　　：　ええ、そうです。

2. コー　　　　　：　これは　何ですか。
　　食堂の人　　：　さかなですよ。

3. 佐藤指導員　：　これは　だれの　ぐんてですか。
　　コー　　　　　：　マリオさんのです。

4. 佐藤指導員　：　これも　マリオさんのですか。
　　コー　　　　　：　いいえ。　私のです。

5. コー　　　　　：　これは　いくらですか。
　　店の人　　　：　840円です。

6. コー　　　　　：　コーヒーを　ください。
　　店の人　　　：　はい。

7. コー　　　　　：　だれですか。
　　佐藤指導員　：　山田さんです。

1. 森指導員： これは　ボルト。これは　ナット。

  コー　　： これは　何ですか。

  森指導員： ドリル。

2. 森指導員： これは　コーさんの　ぐんて？

  コー　　： いいえ。私のではありません。

  森指導員： だれの。

  マリオ　： すみません、私のです。

3. コー　　： これ　何。

  中村　　： シャンプー。

  コー　　： いくら。

  中村　　： 560円。

4. マリオ　： だれ。

  コー　　： 山田さん。

5. コー　　： すみません。かぎを　ください。

  寮の人　： お名前は？

  コー　　： コーです。

  寮の人　： コーさんは　Aの6ですね。

  コー　　： はい　そうです。

  寮の人　： どうぞ。

  コー　　： ありがとうございます。

タスク1

数<ruby>数<rt>かず</rt></ruby>の 練<ruby>練習<rt>れんしゅう</rt></ruby>を しましょう。

1. 言<ruby>言<rt>い</rt></ruby>いましょう。

139<ruby>円<rt>えん</rt></ruby>　187<ruby>円<rt>えん</rt></ruby>　259<ruby>円<rt>えん</rt></ruby>　307<ruby>円<rt>えん</rt></ruby>　463<ruby>円<rt>えん</rt></ruby>　500<ruby>円<rt>えん</rt></ruby>
678<ruby>円<rt>えん</rt></ruby>　712<ruby>円<rt>えん</rt></ruby>　848<ruby>円<rt>えん</rt></ruby>　999<ruby>円<rt>えん</rt></ruby>　1,000<ruby>円<rt>えん</rt></ruby>

2. 聞<ruby>聞<rt>き</rt></ruby>き取<ruby>取<rt>と</rt></ruby>り練<ruby>練習<rt>れんしゅう</rt></ruby>を しましょう。

17　25　36　49　53　66　71　83　90　100
101　220　380　405　574　666　723　810　902　1,000

タスク2

買<ruby>買<rt>か</rt></ruby>い物<ruby>物<rt>もの</rt></ruby>を しましょう。

1. いくらですか。

2. 買<ruby>買<rt>か</rt></ruby>いましょう。

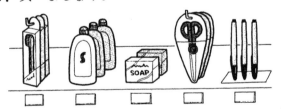

せっけん	100<ruby>円<rt>えん</rt></ruby>
はさみ	320<ruby>円<rt>えん</rt></ruby>
歯<ruby>歯<rt>は</rt></ruby>ブラシ	210<ruby>円<rt>えん</rt></ruby>
ボールペン	130<ruby>円<rt>えん</rt></ruby>
シャンプー	470<ruby>円<rt>えん</rt></ruby>

例<ruby>例<rt>れい</rt></ruby>：　コー　　　：すみません、これは 何<ruby>何<rt>なん</rt></ruby>ですか。
　　　スーパーの人<ruby>人<rt>ひと</rt></ruby>：歯<ruby>歯<rt>は</rt></ruby>ブラシです。
　　　コー　　　：いくらですか。
　　　スーパーの人<ruby>人<rt>ひと</rt></ruby>：210<ruby>円<rt>えん</rt></ruby>です。
　　　コー　　　：これを ください。

第 3 課

基本の文

1. 今　4時です。

2. 実習は　9時から　5時までです。

3. 今日は　9月　11日です。

4. 実習は　来週からです。

5. きのうは　月曜日でした。

新しいことば

実習	休み	昼休み	受付	日本語	勉強
朝ごはん	晩ごはん	今日	あした	きのう	あさって
おととい	今	先週	今週	来週	先月
今月	来月	ついたち	ふつか	みっか	よっか
いつか	むいか	なのか	ようか	ここのか	とおか
はつか	11日〜31日	日曜日	月曜日	火曜日	水曜日
木曜日	金曜日	土曜日	何曜日	何時	何月
何日	一日				

〜でした

〜月　　〜日　　〜時　　〜時半　　〜分　　〜分

〜から［来週］　　〜まで　　〜よ

1,001〜10,000

〜月〜日〜曜日（カレンダー）

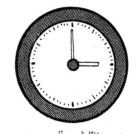

〜時（時計）

1. 今 | 1時 / 3時半 / 7時1分 / 9時25分 | です。

2. 実習は | 9時 / 1時 / 8時半 | から | 12時 / 4時半 / 5時 | までです。

3. 今日は | 4月 ついたち / 6月 ようか / 10月11日 | です。

4. きのうは | 日曜日 / 木曜日 / 金曜日 | でした。

5. 日本語の 勉強は | あさって / ここのか / とおか / はつか / 来週 | からです。

1. 例： あしたは むいか （ (です) でした ）。
   (1) おとといは 木曜日 （ です でした ）。
   (2) あさっては 土曜日 （ です でした ）。
   (3) 来週の 火曜日は 21日 （ です でした ）。

2. 例： 今日は 何曜日。
       → 水曜日です。
   (1) 今日は 何日。

   _____

   (2) あさっては 何曜日。

   _____

   (3) 先週の 木曜日は 何日。

   _____

   (4) なのかは 何曜日。

   _____

今日： 9

日	月	火	水	木	金	土
		1	2	3	4	5
6	7	8	9	10	11	12
13	14	15	16	17	18	19
20	21	22	23	24	25	26
27	28	29	30	31		

3. 例： 今日は ふつかです。
       あしたは 何日。
       → みっかです。

   今月は 6月です。

   (1) 来月は 何月。

   _____

   (2) 先月は？

   _____

1．寮の人　　：　実習は　何時からですか。
りょう ひと　　じっしゅう　　なんじ
　　コー　　　：　9時からです。
じ

2．寮の人　　：　実習は　何時までですか。
りょう ひと　　じっしゅう　　なんじ
　　コー　　　：　4時までです。
じ

3．コー　　　：　朝ごはんは　何時から　何時までですか。
あさ　　　なんじ　　なんじ
　　寮の人　　：　7時から　8時半までですよ。
りょう ひと　　じ　　じ はん

4．コー　　　：　すみません、今　何時ですか。
いま　なんじ
　　受付の人：　2時半です。
うけつけ ひと　じ はん
　　コー　　　：　ありがとうございます。

5．コー　　　：　あしたは　何曜日ですか。
なんようび
　　受付の人：　火曜日です。
うけつけ ひと　かようび

6．コー　　　：　すみません、きのうは　何日でしたか。
なんにち
　　受付の人：　なのかでしたよ。
うけつけ ひと
　　コー　　　：　ありがとうございます。

1. 受付の人 ： 実習は 何時から。

　　コー　　 ： 9時からです。

　　受付の人 ： 何時まで。

　　コー　　 ： 4時半までです。

2. 中村　 ： 休みは 何日から。

　　コー　 ： 29日から。

　　中村　 ： 何日まで。

　　コー　 ： いつかまで。

3. 中村　 ： きのうは 何日。

　　コー　 ： ようか。

　　中村　 ： よっか？

　　コー　 ： ううん、ようか。

4. コー　　　 ： すみません、今 何時ですか。

　　森指導員 ： 8時50分。

　　コー　　　 ： ありがとうございます。

5. コー　 ： あしたは 何曜日。

　　中村　 ： 水曜日。

タスク 1

数(かず)の 練習(れんしゅう)を しましょう。

1,000　2,000　3,000・・・・・・・・・・・・10,000

タスク 2

日付(ひづ)けの 練習(れんしゅう)を しましょう。

1. ついたち　ふつか　みっか　よっか　いつか　むいか　なのか　ようか　ここのか
10日(とおか)　11日(じゅういちにち)・・・14日(じゅうよっか)・・・19日(じゅうくにち)　20日(はつか)　21日(にじゅういちにち)・・・24日(にじゅうよっか)・・・31日(さんじゅういちにち)
2. 日曜日(にちようび)　月曜日(げつようび)　火曜日(かようび)　水曜日(すいようび)　木曜日(もくようび)　金曜日(きんようび)　土曜日(どようび)
3. 先週(せんしゅう)　今週(こんしゅう)　来週(らいしゅう)　先月(せんげつ)　今月(こんげつ)　来月(らいげつ)

タスク 3

コーさんの 一日(いちにち)

7:30 〜 8:30	朝(あさ)ごはん
9:00 〜 12:00	日本語(にほんご)の 勉強(べんきょう)
〜 1:00	昼休(ひるやす)み
〜 4:00	実習(じっしゅう)
5:00 〜 7:00	晩(ばん)ごはん

1. 朝(あさ)ごはんは 何時(なんじ)からですか。

2. 日本語(にほんご)の 勉強(べんきょう)は 何時(なんじ)から 何時(なんじ)までですか。

3. 実習(じっしゅう)は 何時(なんじ)までですか。

タスク 4

あなたの 一日(いちにち)を 話(はな)しましょう。

第  課

基本の文

1. それは　ドリルです。

2. あれは　ぐんてです。

3. きってを　4まい　おねがいします。

新しいことば

ヘルメット	ビス	じかたび	モップ	きって	本
かさ	はがき	レストラン	りんご		
ひとつ	ふたつ	みっつ	よっつ	いつつ	むっつ
ななつ	やっつ	ここのつ	とお		
それ	あれ	この	あの		
どれ	いくつ	何まい			

～まい

じゃ

10,001〜1,000,000

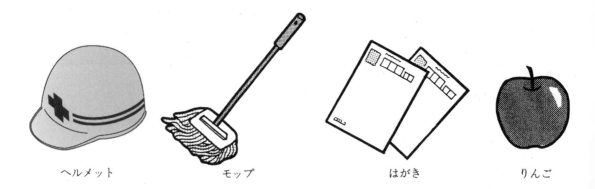

ヘルメット　　　モップ　　　はがき　　　りんご

1. それは
ドリル
ボルト
ナット
   です。

2. あれは
ヘルメット
ぐんて
じかたび
   です。

3. この
<ruby>本<rt>ほん</rt></ruby>
かさ
かばん
くつ
   は <ruby>中村<rt>なかむら</rt></ruby>さんのです。

4.
きって
はがき
   を
7まい
5まい
   おねがいします。

5.
コーヒー
ラーメン
   を
ひとつ
ふたつ
   おねがいします。

1. 例：　これは　何ですか。

　　　　→ ＿ヘルメットです。＿＿＿＿＿

(1)　それは　何ですか。

　　＿＿＿＿＿＿＿＿＿＿＿＿＿＿＿

(2)　あれは　何ですか。

　　＿＿＿＿＿＿＿＿＿＿＿＿＿＿＿

2. 例：　これは　（だれ　⓮何⓯　いくら）ですか。
　　　　本です。

　　　コー　：それは　（　だれ　何　　いくら　）ですか。
　　　店の人：りんごです。

　　　コー　：その　りんごを　ください。
　　　店の人：（　何まい　　いくら　　いくつ　　）ですか。
　　　コー　：（　よっつ　　4まい　　4さい　）です。
　　　　　　　（　何まい　　いくら　　いくつ　　）ですか。
　　　店の人：480円です。

1. 受付の人 ： それは　ペンチですか。
　　コー　　　： はい、そうです。

2. 佐藤指導員： あれは　コーさんのですか。
　　コー　　　： はい、私のです。

3. 佐藤指導員： これは　ボルトですか。
　　コー　　　： いいえ、ナットです。

4. 佐藤指導員： あれは　何ですか。
　　コー　　　： あれは、モップです。

5. 佐藤指導員： それは　コーさんの　ヘルメットですか。
　　コー　　　： いいえ、私のではありません。
　　　　　　　　マリオさんのです。

1. コー　　　　　：　それは　何ですか。
  　　　　　　　　　　　　　なん
   森指導員　　　：　これ？　これは　じかたび。
   もり し どういん

2. コー　　　　　：　ビス　おねがいします。
   森指導員　　　：　いくつ。
   もり し どういん
   コー　　　　　：　いつつです。

3. 森指導員　　　：　これ　だれの。
   もり し どういん
   コー　　　　　：　どれですか。
   森指導員　　　：　この　かさ。
   もり し どういん
   コー　　　　　：　マリオさんのです。

4. コー　　　　　：　50円の　きってを　ください。
   　　　　　　　　　　えん
   店の人　　　　：　何まいですか。
   みせ ひと　　　　なん
   コー　　　　　：　3まい　おねがいします。

5. コー　　　　　　　：　すみません、コーヒーを　みっつ　おねがいします。
   レストランの人：　はい。
   　　　　　　ひと

タスク1

数の　練習を　しましょう。

1. 言いましょう。

(1)　10,000　　20,000　　30,000　　40,000……………
　　　100,000　　200,000…………………1,000,000

(2)　ひとつ　ふたつ　みっつ　よっつ　いつつ　むっつ
　　　ななつ　やっつ　ここのつ　とお　じゅういち……

2. 聞きとり練習を　しましょう。

| 7,630円 | 9,045円 | 11,256円 | 78,000円 | 340,091円 |
| 560,700円 | 270,000円 | 882,300円 | 994,375円 | 1,000,000円 |

タスク2

1. 練習しましょう。

　コー　　：すみません、この　かさは　いくらですか。
　店の人：3,500円です。
　コー　　：あの　かさは？
　店の人：あれは　2,000円です。
　コー　　：じゃ、　あれを　ください。

2. いくらですか。（　　）に　書きましょう。

3. 買い物を　しましょう。

（＿＿＿＿円）

（＿＿＿＿円）

第 5 課

基本の文

1. 私は　まいにち　7時に　おきます。

2. 私は　あした　工場に　行きます。

3. コーさんは　日本に　来ました。

4. きのう　マリオさんは　ともだちと　スーパーに　行きました。

新しいことば

日本	東京	大阪	横浜	新宿	成田

秋葉原　京都　会社　工場　スーパー　デパート

東京タワー　駅　電車　バス　ともだち　けさ

まいにち　どこ　いつ　～ばんせん　～年

おきる　ねる　行く　来る　質問

ひとりで　どこも～ない　どうも

～に［工場に］　　～に［7時に］　　～と［ともだちと］
～の［行くの］

デパート

工場

電車

バス

東京タワー

1. まいにち ┃ 6時45分 ┃ に おきます。
              7時
              7時半

2. あした ┃ 工場 ┃ に 行きます。
         デパート
         スーパー
         新宿

3. きのう ┃ ともだち ┃ と デパートに 行きました。
         中村さん
         会社の 人

4. いつ 日本に 来ましたか。 ┃ 5月 ┃ に 来ました。
                           10月
                           2012年

1. 例：　先週　新宿に　**行きました。**（行きます）

   (1)　きのう　11時に ＿＿＿＿＿＿＿＿＿＿＿＿＿＿　（ねます）

   (2)　まいにち　7時に ＿＿＿＿＿＿＿＿＿＿＿＿＿　（おきます）

   (3)　あさって　デパートに ＿＿＿＿＿＿＿＿＿＿＿　（行きます）

   (4)　2012年に　日本に ＿＿＿＿＿＿＿＿＿＿＿＿　（来ます）

2. はなしましょう。

   (1)　コー　　：この　バスは　**東京タワー**に　行きますか。
     駅の人：ええ、行きますよ。
     コー　　：どうも　ありがとうございます。

東京タワー	横浜	成田	秋葉原

   (2)　コー　　：この　電車は　**新宿**に　行きますか。
     駅の人：いいえ、行きません。　3ばんせんですよ。
     コー　　：3ばんせんですね。
     駅の人：ええ。
     コー　　：ありがとうございます。

新宿	東京	大阪	京都

1. 受付の人 ： 工場に 行きますか。
   コー ： はい、行きます。

2. 佐藤指導員： 食堂に 行きますか。
   コー ： いいえ、行きません。

3. 受付の人 ： どこに 行きますか。
   コー ： スーパーに 行きます。

4. 受付の人 ： だれと 行きますか。
   コー ： マリオさんと 行きます。

5. 受付の人 ： いつ 行きますか。
   コー ： あさって 行きます。

6. 佐藤指導員： いつ 日本に 来ましたか。
   コー ： 6月に 来ました。

7. 佐藤指導員： けさ 何時に おきましたか。
   コー ： 7時に おきました。

1. コー　　　：　何時に　来ましたか。
　 森指導員：　8時に　来たよ。

2. 森指導員：　何時に　来た。
　 コー　　　：　8時50分に　来ました。

3. 森指導員：　きのう　何時に　ねた。
　 コー　　　：　11時半に　ねました。

4. 山田　　　：　日曜日　どこ　行くの。
　 コー　　　：　デパートに　行きます。
　 山田　　　：　ひとりで　行くの?
　 コー　　　：　いいえ、マリオさんと　行きます。

5. 中村　　　：　あした　どこ　行く。
　 コー　　　：　どこも　行かない。

6. コー　　　：　この　電車は　東京に　行きますか。
　 駅の人　　：　ええ、行きますよ。
　 コー　　　：　どうも　ありがとうございます。

1. あなたは いつ 日本に 来ましたか。

_____

2. まいにち 何時に おきますか。

_____

3. きのう スーパーに 行きましたか。

_____

技能実習生に 質問しましょう。

　　～さんは いつ 日本に 来ましたか。
　　まいにち 何時に おきますか。
　　きのう ～に 行きましたか。

第 6 課

基本の文
きほんぶん

1. 私は まいあさ 7時に ごはんを 食べます。
わたし　　　　　　　　じ　　　　　　　　　た

2. ビールを 飲みませんか。
の

3. いっしょに えいがを 見ましょう。
み

新しいことば
あたら

晩 ばん	夜 よる	ビール	ぎゅうにゅう	おちゃ	ジュース
ごはん	昼ごはん ひる	テレビ	ラジオ	ビデオ	えいが
CD シーディー	うち	しんぶん	しごと	かいぎ	
主任 しゅにん	シャツ				

買う か	聞く き	飲む の	帰る かえ	食べる た	はじめる
見る み	する				

何も～ません　　～ませんか　　～ましょう
なに

まいあさ	ときどき	こんばん	いや	いいね	ぜひ

いっしょに

～と～

ビール

シャツ

CD

しんぶん

1. 何を 見ますか。
   なに み

   | テレビ |
   | えいが |
   | ビデオ |

   を 見ます。
   み

2. 何を 聞きますか。
   なに き

   | ラジオ |
   | ＣＤ |

   を 聞きます。
   き

3.
   | コーヒー |
   | ビール |
   | おちゃ |
   | ジュース |

   を 飲みませんか。　ええ、飲みましょう。
   の　　　　　　　　　　の

4.
   | 勉強 |
   | べんきょう |
   | しごと |
   | かいぎ |

   を はじめましょう。

1. 例：　7時に　**おきます。**

(1) まいにち　朝ごはんを　＿＿＿＿＿＿＿

(2) こんばん　テレビを　＿＿＿＿＿＿＿

(3) きのう　シャツを　＿＿＿＿＿＿＿

(4) けさ　おちゃを　＿＿＿＿＿＿＿

(5) まいあさ　ラジオを　＿＿＿＿＿＿＿

(6) あしたから　日本語を　＿＿＿＿＿＿＿

1. 佐藤指導員（さとうしどういん）： はじめましょう。
   技能実習生（ぎのうじっしゅうせい）： おねがいします。

2. 佐藤指導員（さとうしどういん）： まいにち 朝（あさ）ごはんを 食（た）べますか。
   コー： はい、食（た）べます。

3. コー： まいあさ 何（なに）を 飲（の）みますか。
   佐藤指導員（さとうしどういん）： ぎゅうにゅうを 飲（の）みます。

4. 佐藤指導員（さとうしどういん）： あした 何（なに）を しますか。
   コー： デパートに 行（い）きます。

5. 佐藤指導員（さとうしどういん）： 何（なに）を 買（か）いますか。
   コー： くつと シャツを 買（か）います。

6. 佐藤指導員（さとうしどういん）： きのうの 晩（ばん） 何（なに）を しましたか。
   コー： 勉強（べんきょう）しました。

7. コー： けさ テレビを 見（み）ましたか。
   佐藤指導員（さとうしどういん）： いいえ、見（み）ませんでした。

8. 佐藤指導員（さとうしどういん）： 帰（かえ）りませんか。
   コー： ええ、帰（かえ）りましょう。

1. コー　：　ごはんを　食べましたか。
　　主任　：　うん、食べたよ。

2. コー　：　まいにち　ビールを　飲みますか。
　　主任　：　いや、まいにち　飲まない。ときどきね。
　　　　　　　コーさんは？
　　コー　：　土曜日の　夜　飲みます。

3. 主任　：　きのう　スーパーに　行った？
　　コー　：　はい、行きました。
　　主任　：　何　買った。
　　コー　：　何も　買いませんでした。

4. 主任　：　行こうか。
　　コー　：　はい、行きましょう。

5. 主任　：　来週の　日曜日　どこ　行く。
　　コー　：　どこも　行きません。
　　主任　：　じゃ、うちに　来ないか。
　　コー　：　ありがとうございます。ぜひ。

6. 中村　：　ビール　飲まないか。
　　コー　：　いいね。

7. 中村　：　8時から　テレビ　見る？
　　コー　：　うん、見る。

タスク1

コーさんの 一日

1. 7時に おきます。

2. _____

3. _____

4. 9時から 12時まで 日本語を 勉強します。

5. _____

6. 昼休みに コーヒーを 飲みます。

7. _____

8. _____

9. _____

10. _____

11. _____

12. _____

13. 11時に ねます。

7:00	おきる
7:30	朝ごはん
8:00	
9:00	しんぶん
〜	日本語の 勉強
12:00	昼ごはん
〜	昼休み（コーヒー）
1:00	
〜	実習
4:30	
5:00	スーパー
6:00	晩ごはん
7:30 〜	テレビ
8:30 〜	日本語の CD
9:00 〜	日本語の 勉強
10:00	
11:00	ねる

タスク2

あなたの 一日を 話しましょう。

第 7 課

基本の文

1. 私は 工場で はたらきます。

2. 私は ペンチで これを しゅうりします。

3. 私は 電車で 工場へ 行きます。

4. 寮から 工場まで 1時間 かかります。

新しいことば

電器屋	ばいてん	事務所	ロビー	きょうしつ
へや	銀行	郵便局	市役所	はし
えんぴつ	手	じてんしゃ	車	でんち
しけん	すし	しゅうり		

何で　　　　　どのぐらい

～時間　　　～ぐらい[30分]　　　　　～屋

書く　　　歩く　　　　かかる　　　はたらく

～で[工場で]　　～で[電車で]

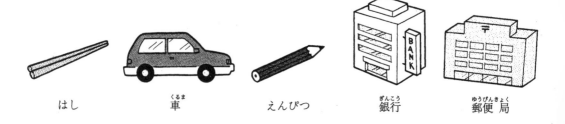

はし　　　車　　　えんぴつ　　　銀行　　　郵便局

— 44 —

1. どこで はたらきますか。

工場 こうじょう 会社 かいしゃ この 事務所 じ む しょ

で はたらきます。

2. 何で しゅうりしますか。
   なん

ドライバー ドリル ペンチ スパナ

で しゅうりします。

3. 銀行に 何で 行きますか。
   ぎんこう なん い

バス 電車 でんしゃ じてんしゃ 車 くるま

で 行きます。
    い

4. どのぐらい かかりますか。

1時間 じ かん 30分 ぷん 4時間半 じ かんはん

かかります。

1. 例： これ（ **は** ） はさみです。

   (1) ペンチ（　　　） 車（　　　） しゅうりします。

   (2) その ヘルメット（　　　） だれ（　　　） ですか。
       マリオさん（　　　） です。

   (3) まいにち バス（　　　） 工場（　　　） 行きます。

   (4) ロビー（　　　） テレビ（　　　） 見ます。

2. 例： （ 何　⦅だれ⦆　いつ ）と 行きますか。
       →ともだちと 行きます。

   (1) （ どこ　何　どのぐらい ）で ごはんを 食べますか。
       食堂で 食べます。

   (2) （ いつ　どこ　何 ）で 行きますか。
       歩いて 行きます。

   (3) （ どのぐらい　何　いつ ）で しゅうりしますか。
       ドライバーと ペンチで しゅうりします。

   (4) （ 何　どのぐらい　いつ ）かかりますか。
       30分ぐらい かかります。

1. コー : きのう でんちを 買いました。
   佐藤指導員: スーパーで 買いましたか。
   コー : いいえ。電器屋で 買いました。

2. コー : あした しけんですね。
   佐藤指導員: へやで 勉強しますか。
   コー : はい、へやで 勉強します。

3. コー : おすしを 手で 食べますか。
   佐藤指導員: はい、手で 食べます。山田さんは はしで 食べますよ。

4. 佐藤指導員: 何で しゅうりしますか。
   コー : ドライバーで しゅうりします。

5. 佐藤指導員: デパートに 電車で 行きますか。
   コー : いいえ、電車で 行きません。

6. 佐藤指導員: 何で 行きますか。
   コー : じてんしゃで 行きます。

7. 佐藤指導員: 1時間 かかりますか。
   コー : いいえ、1時間 かかりません。

8. 佐藤指導員: どのぐらい かかりますか。
   コー : 30分 かかります。

1. コー　：　寮の　食堂で　食べますか。
　　主任　：　いや、寮で　食べない。
　　コー　：　どこで　食べますか。
　　主任　：　新宿で　食べるよ。

2. コー　：　これ　何で　書きましたか。
　　主任　：　ボールペンで　書いたよ。
　　コー　：　これも　ボールペンで　書きますか。
　　主任　：　いや、ボールペンで　書かない。
　　　　　　　えんぴつで　書くよ。

3. コー　：　ばいてんで　買いましたか。
　　主任　：　いや。
　　コー　：　どこで　買いましたか。
　　主任　：　スーパーで　買った。

4. コー　：　市役所に　何で　行きますか。
　　主任　：　電車で　行く。
　　コー　：　どのぐらい　かかりますか。
　　主任　：　15分。

5. 山田　：　郵便局に　バスで　行くの？
　　コー　：　いや。歩いて　行く。
　　山田　：　どのぐらい　かかる。
　　コー　：　30分ぐらい。

タスク1

どのぐらい　かかりますか。日本人に　質問しましょう。
先生に　言いましょう。

例：　寮から　郵便局まで　バスで　どのぐらい　かかりますか。
　　→　寮から　郵便局まで　バスで　10分　かかります。

タスク2

1. きのう　あなたは　どこで　何を　しましたか。

2. 話しましょう。

例：　きのうの　夜　ロビーで　マリオさんと　コーヒーを　飲みました。
　　マリオさんの　へやで　日本語の　CDを　聞きました。

—49—

第 8 課

基本の文

1. 私は 8時20分に 寮を 出ます。

2. 私は 7時半に 食堂で ごはんを 食べます。

3. 私は 日曜日に じてんしゃで スーパーに 行きます。

4. コーさんは 6月に 中国から 来ました。

新しいことば

国	こうえん	パーティー	うた	買い物	しょうひぜい
レシート	ニュース	かんじ	にっき		
今年	きょねん	来年	ごぜん	ごご	朝

～パーセント

出る 見せる

～から［中国］ ぜんぶで ～だ

うた　　　　こうえん　　　にっき　　　レシート

1.
| がつ
4月 |
| せんしゅう どようび
先週の　土曜日 |
| がつ にち
9 月12日 |
| ねん　がつここのか
2012年 7 月 9 日 |

に　日本に　来ました。
（にほん）（き）

2.
| あした |
| きょう
今日 |
| らいねん
来年 |
| らいしゅう
来 週 |

国に　帰ります。
（くに）（かえ）

3.
| くに
国 |
| へや |
| きょうしつ |

で

| にほん
日本の　うた |
| にほんご
日本語 |
| かんじ |

を　勉強しました。
（べんきょう）

1. 例： 日本語 （ の ） 勉強です。

(1) 私 （　　　） コーです。
27さいです。
中国 （　　　） 来ました。

(2) 朝ごはんは 7時半 （　　　） 8時半 （　　　　） です。
昼ごはんは 12時 （　　　） です。

(3) 何時 （　　　） 食堂 （　　　） ごはん （　　　） 食べますか。
12時 （　　　） 食べます。

(4) 土曜日 （　　　） バス （　　　） こうえん （　　　） 行きます。

2.
きのう じてんしゃで スーパーに 行きました。5分 かかりました。
寮から スーパーまで 歩いて 15分 かかります。スーパーで せっけんを
ふたつと シャンプーを ひとつ 買いました。せっけんは ひとつ 150円で
した。 シャンプーは ひとつ 280円でした。しょうひぜいは 8パーセントで
した。

例： きのう どこに 行きましたか。　スーパーに 行きました。

(1) スーパーに 何で 行きましたか。＿＿＿＿＿＿＿＿＿＿＿＿＿

(2) どのぐらい かかりましたか。＿＿＿＿＿＿＿＿＿＿＿＿＿

(3) スーパーで 何を 買いましたか。＿＿＿＿＿＿＿＿＿＿＿＿＿

(4) しょうひぜいは いくらでしたか。＿＿＿＿＿＿＿＿＿＿＿＿＿

(5) ぜんぶで いくらでしたか。＿＿＿＿＿＿＿＿＿＿＿＿＿

1. 佐藤指導員： いつ 日本に 来ましたか。
   コー   ： きょねんの 6月に 来ました。

2. 佐藤指導員： いつ 国に 帰りますか。
   コー   ： 来年の 6月に 帰ります。

3. 佐藤指導員： 何時に 寮を 出ますか。
   コー   ： 8時45分に 出ます。

4. 佐藤指導員： 何時に 食堂で ごはんを 食べますか。
   コー   ： 7時半に 食べます。

5. 佐藤指導員： いつ 寮で パーティーを しますか。
   コー   ： 今週の 土曜日に します。

6. 佐藤指導員： 日曜日に 何で スーパーに 行きますか。
   コー   ： じてんしゃで 行きます。

7. 佐藤指導員： どこから 来ましたか。
   コー   ： 中国から 来ました。

1. コー ： マリオさんは 何時に 来ましたか。
   森指導員： 8時40分に 来たよ。

2. コー ： 先生、昼ごはんを 食べませんか。
   森指導員： いいよ。今、何時だ。
   コー ： 12時半です。

3. 森指導員： 何 食べる。
   コー ： ラーメンを 食べませんか。
   森指導員： いいね。

4. コー ： 何時に 行きますか。
   主任 ： 1時。 私の 車で 行かないか。
   コー ： ありがとうございます。おねがいします。

5. 山田 ： いつ 日本に 来たの。
   コー ： きょねんの 6月です。
   山田 ： いつ 中国に 帰るの。
   コー ： 来年の 6月。

6. マリオ ： マリオです。
   今年の 2月に インドネシアから 来ました。
   どうぞ よろしく。

タスク1

スーパーに　行きましょう。

今日　スーパーで　買い物を　しましょう。
あした　先生が　質問します。

1．きのう　スーパーに　行きましたか。
2．何で　行きましたか。
3．だれと　行きましたか。
4．何を　買いましたか。
5．ぜんぶで　いくらでしたか。
6．しょうひぜいは　いくらでしたか。
7．レシートを　見せてください。

タスク2

読みましょう。

1．コーさんの　にっき

> 6月10日　水曜日
> 　今日　6時半に　おきました。日本語の　CDを　聞きました。マリオさんと　朝ごはんを　食べました。ごぜんは　日本語の　勉強でした。ごごの　実習は　4時半まででした。よる　テレビを　見ました。中国の　ニュースでした。

2．きのうの　あなたの　一日を　言いましょう。にっきを　書きましょう。

きのう　何時に　おきましたか。
朝　何を　しましたか。
実習は　何時まででしたか。
夜　何を　しましたか。

第 9 課

だい か

基本の文
き ほん ぶん

1. 私は ラーメンが 好きです。
わたし す

2. コーさんは 日本語が じょうずです。
に ほん ご

3. 私は 頭が 痛いです。
わたし あたま いた

新しいことば
あたら

肉　　　さとう　　ミルク　　りょうり　　へび　　　いぬ　　ねこ　　頭
にく　　　　　　　　　　　　　　　　　　　　　　　　　　　　　　　あたま

おなか　　のど　　歯　　薬　　病気　　たばこ　　病院　　ピンポン
　　　　　　　　　は　くすり　びょうき　　　　びょういん

サッカー　ギター

入れる
い

好き　　きらい　　じょうず　へた　　痛い
す　　　　　　　　　　　　　　　　　　いた

たいへん　まだ

～が

でも

どう しましたか　　どう した　どう したんだ
ねつが あります　　かぜを ひきました　おだいじに　そう

歯　　　　サッカー　　　ギター　　　　のど　　　おなか　　　頭
は　　　　　　　　　　　　　　　　　　　　　　　　　　　あたま

1. 私は ┌肉────────┐ が 好きです。
　　　　│ぎゅうにゅう│
　　　　│ピンポン　　│
　　　　└──────────┘

2. 私は ┌ビール┐ が 好きではありません。
　　　　│ねこ　│
　　　　└──────┘

3. 私は ┌たばこ┐ が きらいです。
　　　　│薬　　│
　　　　│へび　│
　　　　└──────┘

4. コーさんは ┌サッカー┐ が じょうずです。
　　　　　　　│りょうり│
　　　　　　　│うた　　│
　　　　　　　└────────┘

5. どう しましたか。

┌──────────────────┐
│おなかが 痛いです。│
│歯が 痛いです。　　│
│のどが 痛いです。　│
│ねつが あります。　│
│かぜを ひきました。│
└──────────────────┘

1. 例: 先生 : どう したんだ。

   →コー : 頭が 痛いです。

   (1) 先生 : どう したんだ。

   コー : _____

   (2) 先生 : どう したんだ。

   コー : _____

   (3) 先生 : どう したんだ。

   コー : _____

2.

   マリオ : 私は コーヒーが 好きです。まいあさ 飲みます。さとうと ミルクは 入れません。さとうと ミルクが 好きではありません。私は ピンポンが 好きです。でも じょうずではありません。へたです。コーさんは ピンポンが たいへん じょうずです。

   (1) マリオさんは コーヒーが 好きですか。 _____

   (2) さとうと ミルクも 好きですか。 _____

   (3) マリオさんは ピンポンが じょうずですか。 _____

1. 佐藤指導員： マリオさんは コーヒーが 好きですか。
   マリオ ： ええ、好きです。まいあさ 飲みます。

2. 佐藤指導員： ビールが 好きですか。
   マリオ ： いいえ、好きではありません。

3. 佐藤指導員： マリオさんは ギターが じょうずですか。
   コー ： はい、じょうずです。マリオさんは うたも じょうずです。

4. 佐藤指導員： コーさんは 日本語が じょうずですね。
   コー ： いいえ、じょうずではありません。へたです。

5. 寮の人 ： どう しましたか。
   マリオ ： きのうから 頭が 痛いです。
   寮の人 ： ねつが ありますか。
   マリオ ： いいえ。

6. 佐藤指導員： マリオさんは？
   コー ： 病気です。
         病院に 行きました。

1. 森指導員　：　何　食べる。
　　コー　　　：　ラーメンを　食べませんか。
　　森指導員　：　いいね。コーさんは　ラーメン　好き？
　　コー　　　：　はい、好きです。

2. マリオ　　：　先生、ピンポンしませんか。
　　森指導員　：　うん、でも、私は　じょうずじゃないよ。
　　マリオ　　：　私も　じょうずではありません。

3. 森指導員　：　どう　した。
　　マリオ　　：　かぜを　ひきました。頭が　痛いです。
　　森指導員　：　ねつは？
　　マリオ　　：　ええ、すこし　あります。

4. 受付の人　：　どう　しましたか。
　　マリオ　　：　かぜを　ひきました。寮に　帰ります。
　　受付の人　：　そう。おだいじに。
　　マリオ　　：　ありがとうございます。

5. コー　　　：　おなかが　痛いです。
　　山田　　　：　薬　飲んだ？
　　コー　　　：　まだです。

日本人や 技能実習生に 質問してください。
（にほんじん／ぎのうじっしゅうせい／しつもん）

例（れい）：　ピンポンが　好（す）きですか。
　　　　こたえ１：　はい、好（す）きです。（好（す）き：○）
　　　　こたえ２：　いいえ、きらいです。（きらい：×）

名前（なまえ）	ピンポン	いぬ	ねこ	へび	ぶた肉（にく）	たばこ	ビール	コーヒー
コー	○	×	○	×	○	×	○	○
マリオ	○	○	×	×	×	○	○	○

先生（せんせい）に　言（い）ってください。

例（れい）：　コーさんは　ねこが　好（す）きです。マリオさんは　きらいです。
　　　　マリオさんと　コーさんは　ビールが　好（す）きです。

第 10 課

基本の文

1. これは　ながいです。

2. これは　ながくないです。

3. これは　ながい　スケールです。

4. 今日は　あついです。

5. きのうは　あつかったです。

新しいことば

| 喫茶店 | てんぷら | なっとう | カメラ | 体重 | ビル | スケール |

| ～階 | ～キロ | 何キロ | これから |

どんな～

ながい	みじかい	大きい	小さい	高い	安い	あつい
つめたい	むずかしい	やさしい	新しい	古い	おもい	おいしい
いそがしい	いい

とても　　そして

どうでしたか　　どう

ながい

みじかい

高い　　安い

大きい　　小さい

練習1

1. これは
大きい
小さい
ながい
みじかい
高い
安い
おもい
おいしい
いい

です。　これは
大きくない
ながくない
高くない
おもくない
おいしくない
よくない

です。

2. きのうは
あつかった
さむかった

です。

3. しけんは
むずかしくなかった
やさしくなかった

です。

4. これは
高い
安い
大きい
小さい

カメラです。

1. 例： 日本語は　やさしいです。

　　　　→日本語は　やさしくないです。

(1) これは　安いです。

_____

(2) この　にもつは　おもいです。

_____

(3) これは　おいしいです。

_____

2. 例： きのうは　いそがしかったです。

　　　　→きのうは　いそがしくなかったです。

(1) ことしの　なつは　あつかったです。

_____

(2) しけんは　むずかしかったです。

_____

1. 佐藤指導員： きのうは　あつかったですね。
　　コー　　　： はい、とても　あつかったです。
　　　　　　　　夜　つめたい　ビールを　飲みました。

2. 佐藤指導員： そうですか。ビールは　どうでしたか。
　　コー　　　： とても　おいしかったです。

3. コー　　　： 高い　ビルですね。
　　佐藤指導員： ええ、52階です。
　　コー　　　： あの　ビルも　高いですね。
　　佐藤指導員： ええ、あれは　40階ですよ。

4. コー　　　： 今日の　しけんは　むずかしくなかったです。
　　佐藤指導員： そうですか。よかったですね。

5. 佐藤指導員： きのう　何を　買いましたか。
　　コー　　　： カメラを　買いました。
　　佐藤指導員： どんな　カメラですか。
　　コー　　　： 小さい　カメラです。

会話2

1. 森指導員 ： これから 食堂に 行かないか。
   コー ： すみません。これから 日本語の 勉強を します。
   森指導員 ： そうか。いそがしいね。
   コー ： ええ、あした しけんです。

2. 森指導員 ： マリオさん、体重 何キロ。
   マリオ ： 72キロです。
   森指導員 ： おもいね。コーさんは？
   マリオ ： コーさんは おもくないです。61キロです。

3. マリオ ： きのう くつを 買ったよ。
   コー ： そう。高かった？
   マリオ ： ううん、高くなかった。安かったよ。

4. コー ： これは 何ですか。
   山田 ： てんぷらよ。
   コー ： おいしいですね。
   山田 ： ええ。じゃ、これは どう。おいしい？
   コー ： これ？ あっ、おいしくないです。何ですか。
   山田 ： なっとう。

タスク1

絵を 見て 答えましょう。

例: レストランで ビールを 飲みます。650円です。
→この ビールは 高いですか。
→はい、高いです。
→ 私は 500円の ビールを 飲みました。

650円

1. 喫茶店で コーヒーを 飲みます。
この コーヒーは 高いですか。

250円

2. カメラ屋で この カメラを 買います。
小さい カメラです。そして 新しいです。
この カメラは 高いですか。

3万円

3. 電器屋で この テレビを 買います。
大きい テレビです。でも、古いです。
この テレビは どうですか。

2万円

4. この 車は 新しくないです。でも、きれいです。
この 車は どうですか。

80万円

タスク2

技能実習生や 日本人に 質問しましょう。

タスク3

あなたの 国では どうですか。

第11課

基本の文

1. 中村さんは　元気です。

2. きのうは　ひまでした。

3. 山田さんは　しんせつな　人です。

4. 山田さんは　目が　きれいです。

新しいことば

みなさん	こいびと	森先生	上田	目	かみ
せ	身長	音	写真	道具	

〜センチ

みがく

元気	ひま	しんせつ	きれい	しずか	ゆうめい
べんり	ハンサム	あかるい	せまい	うるさい	ひくい

〜年まえ　すごく　しばらくですね

〜や

せまい　　　ひろい　　　きれい　きたない　　あかるい　　くらい

1. 山田さんは ┌─────────┐ です。
　　　　　　　│ 元気　　　│
　　　　　　　│ しんせつ │
　　　　　　　│ きれい　 │
　　　　　　　└─────────┘

2. 私の　へやは ┌─────────┐ ではありません。
　　　　　　　　│ きれい │
　　　　　　　　│ しずか │
　　　　　　　　└─────────┘

3. ┌──────────────┐ でした。
　 │ 新宿は　きれい │
　 │ 　　　　しずか │
　 │ 私は　　ひま　 │
　 └──────────────┘

4. 森先生は ┌──────────┐ 人です。
　　　　　　│ ハンサムな │
　　　　　　│ 元気な　　 │
　　　　　　│ ゆうめいな │
　　　　　　│ しんせつな │
　　　　　　└──────────┘

1. 例： あの 人は しんせつです。

　　　　→あの 人は しんせつではありません。

(1) 私の へやは きれいです。

　　　＿＿＿＿＿＿＿＿＿＿＿＿＿＿＿＿＿

(2) この 道具は べんりです。

　　　＿＿＿＿＿＿＿＿＿＿＿＿＿＿＿＿＿

(3) きのう 中村さんは げんきでした。

　　　＿＿＿＿＿＿＿＿＿＿＿＿＿＿＿＿＿

(4) 工場は しずかでした。

　　　＿＿＿＿＿＿＿＿＿＿＿＿＿＿＿＿＿

1. 上田 ： コーさん、しばらくですね。お元気ですか。
   コー ： はい、元気です。ありがとうございます。
   上田さんは？
   上田 ： ええ、私も 元気ですよ。
   会社の 人は しんせつですか。
   コー ： はい、みなさん しんせつです。

2. コー ： 山田さん、あした ひまですか。
   山田 ： ごぜんは ひまではないけど、ごごは ひまよ。
   コー ： 新宿に 行きませんか。
   山田 ： いいわよ。行こう。

3. コー ： 新宿で カメラを 買います。
   山田 ： どんな カメラを 買うの？
   コー ： 安い カメラです。
   山田 ： じゃ みはしカメラに 行こう。

4. コー ： みはしカメラは 店の 名前ですか。
   山田 ： うん、ゆうめいな カメラ屋よ。すごく やすいのよ。
   コー ： そうですか。ありがとうございます。

1. 森指導員： その 道具 きれいだね。

　　コー 　　： これですか。

　　森指導員： そう。

　　コー 　　： きのう 買いました。

　　森指導員： そうか。新しいね。きれいな 道具は いいね。

2. 森指導員： これも きれいだろ？

　　コー 　　： ええ、きれいですね。

　　森指導員： これは 10年まえに 買った 道具だよ。

　　コー 　　： えっ！ まいにち みがきますか。

　　森指導員： そうだ。

3. 中村 　　： 寮は どう？ へやや ごはんは？

　　コー 　　： いいよ。

　　　　　　　 へやは あかるい。すこし せまいけど。

　　　　　　　 ごはんも おいしいよ。

　　中村 　　： 夜は しずか？

　　コー 　　： いや、しずかじゃない。車の 音が うるさい。

4. コー 　　： この 写真、マリオさんの こいびと？

　　マリオ ： ううん、ちがう。こいびとじゃないよ。ともだち。

　　コー 　　： きれいな 人だね。かみが 長いね。

　　マリオ ： うん。しんせつな 人だよ。

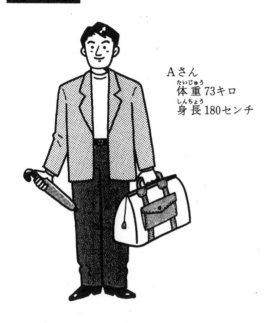

Aさん
体重73キロ
身長180センチ

Bさん
体重48キロ
身長165センチ

例： Aさんは どんな 人ですか。

　　(ハンサムな　小さい　せが ひくい)人です。

1．Aさんは どんな 人ですか。

　　(せが 高い　せが ひくい　小さい)人です。

2．Bさんは どんな 人ですか。

　　(かみが みじかい　きれいな　せが ひくい)人です。

3．Aさんの (　　　) は　73キロです。

　　Bさんの (　　　) は　165センチです。

4．Bさんの かさは (　　　)です。

　　Aさんの かばんは (　　　)です。

第 12 課

だい / か

1. ボールペンは　つくえの　上に　あります。

うえ

2. コーさんは　作業場に　います。

さぎょうば

3. 電話は　あそこです。

でんわ

4. 中村さんは　となりの　へやです。

なかむら

新しいことば

あたら

そうこ　　　つくえ　　　作業場　　　たな　　　　ひきだし　トイレ

さぎょうば

電話　　　きかい

でんわ

ここ　　　そこ　　　あそこ

中　　　上　　　下　　　前　　　後ろ　　　となり　　外　　　近く

なか　うえ　した　まえ　うし　　　　　　そと　　ちか

ある　　ない　　いる　　いない

かける

あとで　　　使用中　　　どこですか

しようちゅう

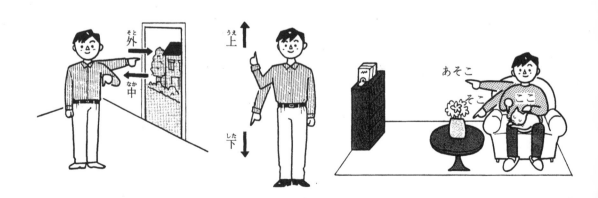

外 そと
中 なか
上 うえ
下 した
あそこ
そこ

—74—

1. スパナは どこに ありますか。

| ここ |
| つくえの 中
なか |
| いすの 下
した |

に あります。

2. コーさんは どこに いますか。

| 食堂
しょくどう |
| 外
そと |
| そうこ |

に います。

3.

| ドライバー |
| ペンチ |
| ボルト |

は どこですか。

| 作業場
さぎょうば |
| たなの 上
うえ |
| きかいの 後ろ
うし |

です。

4. 主任は どこですか。
しゅにん

| 工場
こうじょう |
| 2階の 事務所
かい じむしょ |
| となりの へや |

です。

5. 郵便局は どこですか。
ゆうびんきょく

| あそこ |
| 銀行の となり
ぎんこう |
| 駅の 近く
えき ちか |

です。

1. 例：　コピーは　どこに　ありますか。

　　　　→事務所に　あります。_____　(事務所)

(1)　ドライバーは　どこに　ありますか。

　　　_____　(たなの　上)

(2)　主任は　どこに　いますか。

　　　_____　(作業場)

(3)　トイレは　どこですか。

　　　_____　(ビルの　2階)

(4)　中村さんは　どこですか。

　　　_____　(4階の　教室)

1. コー : 電話は どこに ありますか。
   佐藤指導員 : 受付の 前に あります。
   コー : どうも。

2. コー : ボールペンは どこに ありますか。
   佐藤指導員 : つくえの 上に あります。
   コー : ノートは どこですか。
   佐藤指導員 : ひきだしの 中です。

3. 佐藤指導員 : コーさんは いますか。
   マリオ : いません。
   佐藤指導員 : 中村さんは?
   マリオ : いますよ。中村さあん。

4. 佐藤指導員 : マリオさんは どこですか。
   コー : となりの へやです。
   佐藤指導員 : 山田さんは どこですか。
   コー : 寮の ロビーです。

5. コー : すみません、郵便局は どこですか。
   男の人 : ○○銀行の となりです。
   コー : ○○銀行は?
   男の人 : この ビルの 後ろです。
   コー : ありがとうございました。

1. 森指導員： コーさんと　山田さんは　どこ。
　 もりしどういん
　 マリオ　　： コーさんは　へやに　います。
　　　　　　　 やまだ　　　　　　　　しょくどう
　　　　　　　 山田さんは　食堂です。
　 森指導員： 中村さんは？
　 もりしどういん　なかむら
　 マリオ　　： 中村さんは　コーさんの　へやに　います。
　　　　　　　 なかむら

2. コー　　　： 電話は　どこですか。
　　　　　　　 でんわ
　 森指導員： となりの　へやだよ。今　マリオさんが　使用中だ。
　 もりしどういん　　　　　　　　　　 いま　　　　　　　　　　しようちゅう
　 コー　　　： はい。あとで　かけます。

3. コー　　　： ボールペン　ある？
　 マリオ　　： ううん、ない。そこの　つくえの　上に　ない？
　　　　　　　　　　　　　　　　　　　　　　　　 うえ
　 コー　　　： ああ、あった。

4. 中村　　　： コーさんは　どこ。
　 なかむら
　 山田　　　： 食堂よ。
　 やまだ　　　 しょくどう

絵を 見て 答えましょう。

例: 電話は どこに ありますか。　　つくえの 上に あります。

1. 本は どこに ありますか。　　_____

2. しんぶんは どこに ありますか。　　_____

3. テレビは どこですか。　　_____

4. ねこは どこに いますか。　　_____

5. コーさんは どこですか。　　_____

タスク2

となりの 技能実習生に 質問しましょう。

第 13 課

基本の文

1. 私は　中華りょうりが　食べたいです。

2. 私は　ともだちが　ほしいです。

3. どうして　とんかつを　食べませんか。

　　ぶた肉が　きらいですから。

新しいことば

中華りょうり	とんかつ	やき肉	くだもの	カレーライス
ステーキ　ぎょうざ	ひらがな	かたかな	山	海
カラオケ　とこや	本屋	ほかの　人	～人	湯ぶね
体　禁煙	ガス	もとせん	電子レンジ	もとに
せんぷうき　ストーブ	ようふく	コート	ぼうし	安全ぐつ

あらう　　のどが　かわく　　　　はく　　　　もどす　　入る

かぶる　　おぼえる　　閉める　　ごちそうする

あぶない

～たい　　ほしい　　どうして～か　　どうしてですか

～から［あぶない］　何人　　もっと　　よし　　ほんと　　サンキュウ

とんかつ

すし

カレーライス

ぎょうざ

— 80 —

1. | 水 |
   | ビール |
   | ジュース |
   | お茶 |

   が 飲みたいです。

2. | やき肉 |
   | ラーメン |
   | くだもの |
   | とんかつ |

   が 食べたいです。

3. | じてんしゃ |
   | テレビ |
   | カメラ |

   が ほしいです。

4. どうして 作業場で

   | ヘルメットを かぶります |
   | ぐんてを します |
   | 安全ぐつを はきます |

   か。

   あぶないですから。

1. 例： おなかが すきましたか。

   <u>はい、ごはんが 食べたいです。</u>

   (1) のどが かわきましたか。

   <u>はい、</u>_____

   (2) 何が ほしいですか。

   _____

   (3) どこへ 行きたいですか。

   _____

2. 例： 佐藤 ： モップを もとに もどしましょう。

      コー ： どうしてですか。

      佐藤 ： <u>ほかの 人が つかいますから。</u>（ほかの 人が つかいます）

   (1) コー ： 寮へ 帰りたいです。いいですか。

      佐藤 ： どうしてですか。

      コー ：_____（頭が 痛いです）

1. 会社の人 : 何が 食べたいですか。

　コー 　　 : すしが 食べたいです。

2. 会社の人 : 日本人の ともだちは いますか。

　コー 　　 : はい、います。

　会社の人 : 何人 いますか。

　コー 　　 : 3人 います。でも、もっと ともだちが ほしいです。

3. 佐藤指導員 : 湯ぶねの 中で 体を あらいません。

　マリオ 　 : どうしてですか。

　佐藤指導員 : ほかの 人が 入りますから。

4. 佐藤指導員 : 作業場は 禁煙です。

　コー 　　 : どうしてですか。

　佐藤指導員 : あぶないですから。

1. 森指導員 : ひらがなと かたかなを おぼえたか。

　 コー 　　: はい。でも、かたかなは むずかしいです。

　 森指導員 : そうか。

　 コー 　　: もっと 日本語を 勉強したいです。

2. 森指導員 : ガスの もとせんを 閉めたか。

　 コー 　　: すみません、ガスの もとせんは これですか。

　 森指導員 : そうだ。

　 コー 　　: どうして ガスの もとせんを 閉めますか。

　 森指導員 : あぶないからだ。

3. 中村 　　: 何が 食べたい。

　 コー 　　: 中華りょうりが 食べたい。

　 中村 　　: よし、じゃあ 今日は 中華りょうりを ごちそうするよ。

　 コー 　　: えっ、ほんと！ サンキュウ。

タスク1

絵を 見て、答えましょう。

1. 何が 食べたいですか。 例： <u>ラーメンが 食べたいです。</u>

ラーメン

とんかつ　　てんぷら　カレーライス　ステーキ　　ぎょうざ

2. どこに 行きたいですか。 例： <u>本屋に 行きたいです。</u>

本屋

山　　　　　海　　　デパート　レストラン　カラオケ　とこや

3. 何が ほしいですか。 例： <u>日本の とけいが ほしいです。</u>

とけい

テレビ　　　　くつ　　　　　カメラ

じてんしゃ　ようふく　　　コート　　　　かさ

かばん　　　ぼうし　　電子レンジ　せんぷうき　　ストーブ

第 14 課

基本の文

1. コーさんは　日本語が　わかります。

2. 私は　パソコンを　つかうことが　できます。

新しいことば

えいご	くぎ	パソコン	ピアノ	うんてん
きっぷ	お金	お花見	忘年会	

わかる	できる	つかう	さそう	ひく　話す
おろす	うつ	読む	つくる	おしえる

だいじょうぶ　　　　　だいじ

〜ことが　できる　　　すこし　　　こんど　　　もう一度

パソコン

ギター

1. コーさんは

日本語 えいご かんじ

が わかります。

2. 私は 車を

しゅうりする うんてんする

ことが できます。

3. コーさんは

ギターを	ひく
日本語を	話す
ひらがなを	読む
かんじを	書く

ことが できます。

1. 例： 日本の　しんぶんを　読みます。
　　　　→日本の　しんぶんを　読むことが　できます。

(1) 日本語を　話します。

_____

(2) ひらがなを　書きます。

_____

(3) りょうりを　つくります。

_____

(4) くぎを　うちます。

_____

(5) ギターを　ひきます。

_____

(6) 朝　5時に　おきます。

_____

(7) ひとりで　来ます。

_____

(8) ピンポンを　します。

_____

書く

ひく

話す

来る

読む

おきる

うつ

つくる

する

1. 受付の人　　：　えいごが　わかりますか。
　　コー　　　　：　はい、すこし　わかります。

2. 受付の人　　：　マリオさんは　日本語を　書くことが　できますか。
　　マリオ　　　：　ひらがなと　かたかなを　書くことが　できます。
　　　　　　　　　　でも、かんじを　書くことが　できません。むずかしいです。

3. 佐藤指導員：　この　きかいを　つかうことが　できますか。
　　コー　　　　：　はい、できます。
　　佐藤指導員：　中国で　つかいましたか。
　　コー　　　　：　はい、すこし　ちがいますが、だいじょうぶです。
　　　　　　　　　　つかうことが　できます。

1. 山田 ： コーさんは　カラオケ　わかる？

   コー ： はい、中国で　日本の　ビデオを　見ました。

   　　　　 お花見、忘年会、カラオケ。でも　よく　わかりません。

   山田 ： じゃあ、マリオさんも　いっしょに　あした　カラオケに　行きましょう。

   コー ： ええ、ぜひ　行きたいです。中村さんも　さそいましょう。

2. 森指導員： この　漢字、よめる？

   マリオ ： えっ。すみません、もう一度　おねがいします。

   森指導員： この　漢字を　よむことが　できますか。

   マリオ ： ああ、わかりました。いいえ、できません。

   森指導員： じゃあ、こんど　おしえるよ。だいじな　漢字だから。

   マリオ ： おねがいします。

質問に　こたえましょう。

例：　ラジオを　しゅうりすることが　できますか。
　　　→はい、しゅうりすることが　できます。

1．ピアノを　ひくことが　できますか。

　　＿＿＿＿＿＿＿＿＿＿＿＿＿＿＿＿＿＿＿＿＿

2．ひとりで　電車の　きっぷを　買うことが　できますか。

　　＿＿＿＿＿＿＿＿＿＿＿＿＿＿＿＿＿＿＿＿＿

3．ひとりで　銀行で　お金を　おろすことが　できますか。

　　＿＿＿＿＿＿＿＿＿＿＿＿＿＿＿＿＿＿＿＿＿

4．日本の　しんぶんを　読むことが　できますか。

　　＿＿＿＿＿＿＿＿＿＿＿＿＿＿＿＿＿＿＿＿＿

あなたは　何が　できますか。

例：　私は　ひらがなを　書くことが　できます。

1．私は＿＿＿＿＿＿＿＿＿＿＿＿＿＿＿＿が　できます。

2．私は＿＿＿＿＿＿＿＿＿＿＿＿＿＿＿＿が　できます。

3．私は＿＿＿＿＿＿＿＿＿＿＿＿＿＿＿＿が　できます。

第 15 課

基本の文

1. ペンチを かたづけろ。

2. 時間が ないから、いそげ。

3. すべるから、走るな。

新しいことば

火	出口	入口	工場見学	きゅうけい時間
きゅうけいしつ	ごみ	もえるごみ	もえないごみ	月、水、金

横断禁止	撮影禁止	使用禁止	立入禁止	火気厳禁	危険

すう	いそぐ	出す	立つ	呼ぶ	すべる
すわる	あつまる	走る	さわる	とる	わたる
止まる	かたづける	どける	止める	すてる	おくれる
もって行く	もって来る				

気をつける　ぜったいに

もえるごみ

もえないごみ

立つ

すわる

1. はやく

> あつまれ。
> もって来い。
> 来い。
> 行け。

2. それを

> どけろ。
> 止めろ。
> かたづけろ。

3. 危ないから、

> 走るな。
> さわるな。
> たばこを すうな。

練習2

1. 例: マリオさんを 呼べ。(11)

(1) たばこを すうな。 （ 　 ）

(2) 入るな。 （ 　 ）

(3) 写真を とるな。 （ 　 ）

(4) 火を つかうな。 （ 　 ）

(5) ここを わたるな。 （ 　 ）

(6) これを つかうな。 （ 　 ）

(7) あつまれ。 （ 　 ）

(8) さわるな。 （ 　 ）

(9) ごみを すてるな。 （ 　 ）

(10) かたづけろ。 （ 　 ）

① 横断禁止

② 撮影禁止

③ 使用禁止

④ 禁煙

⑤ 立入禁止

⑥ 火気厳禁

⑦

⑧

⑨

⑩

⑪

1. 森指導員： 12時に 食堂に あつまれ。
   コー ： はい、 わかりました。

2. 森指導員： 危ないから、きかいに さわるな。
   マリオ ： はい、 わかりました。

3. 森指導員： すべるから、危ないぞ。走るな。
   コー ： はい、 気をつけます。

4. 森指導員： そこは 出口だ。入口から 入れ。
   コー ： はい、 わかりました。

5. 森指導員： それは ボールペンで 書け。
   　　　　　 えんぴつで 書くな。わかったか。
   コー ： はい。

6. 森指導員： 工場で ぜったいに たばこを すうな。「禁煙」だ。
   マリオ ： えっ。
   森指導員： この かんじは 「きんえん」。「たばこを すうな」だ。
   マリオ ： 「きんえん」は 「たばこを すうな」ですね。
   　　　　　 わかりました。

1. 森指導員：　あしたは　工場 見学だから、朝　8時に　あつまれ。
　　　　　　　おくれるなよ。
　　コー　　：　はい、　わかりました。
　　　　　　　何を　もって行きますか。
　　森指導員：　ボールペンと　ノートを　もって来い。

2. マリオ　：　この　ごみは　いつ　出しますか。
　　森指導員：　これは　もえるごみだから、月、水、金。
　　　　　　　もえないごみは　いっしょに　出すな。もえないごみは　土曜日。
　　マリオ　：　はい、わかりました。

3. 主任　　：　作業場の　中は　危険だから　走るな。気をつけろ。
　　コー　　：　はい。主任、きゅうけい時間に　たばこを　すいたいです。
　　　　　　　いいですか。
　　主任　　：　きゅうけいしつは　いいよ。
　　　　　　　でも　作業場は　「火気厳禁」だから、火は　つかうな。
　　コー　　：　はい。

タスク1

先生の 言うとおりに うごきましょう。

1. 立ってください。

2. すわってください。

3. ボールペンを 出してください。

4. 歩いて。

5. 止まって。

6. ここに あつまって。

タスク2

先生の 言うとおりに うごきましょう。

1. 立て。

2. すわれ。

3. ボールペンを 出せ。

4. 走れ。

5. 止まれ。

6. ここに あつまれ。

7. せきに 帰れ。

第 16 課

基本の文

きほんぶん

1. ペンチを　もって来てください。
き

2. 今　きかいを　しゅうりしています。
いま

3. 危ないですから、さわらないでください。
あぶ

新しいことば

あたら

食事	手紙	ダンス	でんきゅう	サイン	薬品
しょくじ　てがみ　　　　　　　　　　　　　　　　　　やくひん

女の　人　　じゅんび　せんたく　　時間
おんな　ひと　　　　　　　　　　　じかん

あう　　　　　てつだう　　まつ　　　あげる［手を］　きれる
て

～て（で）ください　　　　～て（で）います

ちょっと　　たくさん　　何でしょうか　これで　いいですか

食事	でんきゅう	薬品	ダンス	手紙
しょくじ　　　　　　　　　　　　やくひん　　　　　　　　　　　てがみ

1.

名前を　書いて
スパナを　とって
中村さんを　よんで
写真を　見せて
ここへ　来て

ください。

2.

CDを　聞いて
たばこを　すって
コーヒーを　飲んで
ともだちと　話して
電話を　かけて
車を　しゅうりして
手紙を　書いて

います。

3.

ここで　たばこを　すわないで
写真を　とらないで
スイッチに　さわらないで
しゅくだいを　わすれないで
ここへ　来ないで
今　せんたくしないで

ください。

1. 例: 行く   →行ってください。

(1) 書く _____ (2) 聞く _____

(3) 読む _____ (4) 飲む _____

(5) 立つ _____ (6) まつ _____

(7) 話す _____ (8) あう _____

(9) 見る _____ (10) 食べる _____

(11) する _____ (12) 来る _____

2. 例: 山田さんは 何を していますか。
    →食事を しています。

(1) 中村さんは 何を していますか。

_____

(2) マリオさんは 何を していますか。

_____

(3) コーさんは 何を していますか。

_____

山田   マリオ

コー   中村

1. コー　　　　　：　でんきゅうが　きれました。

　　寮の人　　　：　あたらしい　でんきゅうは　となりの　へやに　ありますよ。

　　　　　　　　　　どうぞ　つかってください。

　　コー　　　　　：　どうも。

2. 佐藤指導員　：　じゅんびは　できましたか。

　　コー　　　　　：　いいえ、まだです。すみません、5分　まってください。

　　佐藤指導員　：　時間が　ありませんから、いそいでください。

3. 佐藤指導員　：　この　へやに　入らないでください。

　　コー　　　　　：　どうしてですか。

　　佐藤指導員　：　危険な　薬品が　たくさん　ありますから。

　　コー　　　　　：　はい、わかりました。

1. 森指導員　　：　コーさんは？
　　マリオ　　　：　今　事務所で　主任と　話しています。
　　森指導員　　：　そう。じゃあ、マリオさん　てつだって。
　　マリオ　　　：　はい。

2. 山田　　　　：　マリオさん、あとで　事務所に　来て。
　　マリオ　　　：　はい、わかりました。

3. マリオ　　　：　山田さん　おねがいします。
　　事務所の人：　山田さんは　今　電話してるよ。
　　　　　　　　　そこで　ちょっと　まってね。
　　マリオ　　　：　はい。

4. 山田　　　　：　マリオさん、ごめんなさい。
　　マリオ　　　：　いいえ。何でしょうか。
　　山田　　　　：　ここに　サインが　ないの。かたかなで　書いてね。だいじょうぶ？
　　マリオ　　　：　はい。これで　いいですか。
　　山田　　　　：　いいわよ。
　　マリオ　　　：　すみませんでした。

5. 森指導員　　：　コーさん、スパナを　もって来てくれ。
　　コー　　　　：　はい。どこに　ありますか。
　　森指導員　　：　どうぐばこの　中。ドライバーも　もって来てくれ。
　　コー　　　　：　はい、わかりました。

タスク１

先生の 言うとおりに うごきましょう。

1. ここに あつまってください。

2. 男の人は 手を あげてください。

3. 女の人は 手を あげてください。

4. 中国人は すわってください。

5. ハンサムな 人は 立ってください。

タスク２

みんなで ジェスチャーゲームを しましょう。

方法: 1. 先生から カードを もらいます。

2. カードを 見て、動作を します。

3. 先生が 質問します。

4. 質問に 答えます。

例: 本を 読んでいます。　　　ダンスを しています。
ごはんを 食べています。　　ピンポンを しています。
ねています。　　　　　　　たばこを すっています。
せんたくしています。　　　写真を とっています。

第17課

基本の文
きほんぶん

1. 私は　あした　銀行に　行って、お金を　おろして、買い物に　行きます。
わたし　　　　ぎんこう　い　　　かね　　　　　　　か　もの　い

2. 山田さんは　頭が　よくて、しんせつです。
やまだ　　　　あたま

3. この　へやを　つかっても　いいです。

新しいことば
あたら

ふろ	シャワー	しゅくだい	まど	かたづけ	給料
現金	銀行振込	キャッシュカード	富士山	かお	かおいろ
休む	おわる	しる	開ける	あびる	きがえる
そうじ					
わるい					

〜ても　いいです　　だめです　　　もちろん　　いろいろ
お先に　しつれいします　頭が　いい　　ごくろうさん
さき　　　　　　　　　あたま

ふろ　　　　　　シャワー　　　　　　まど　　　　　富士山
ふじさん

1. 寮へ 帰って、

| へやを そうじして
えいごを 勉強して
きがえて
ふろに 入って | 、 | ごみを すてます。
出かけます。
食事を します。 |

2. この カメラは

| 安くて
小さくて | 、 | べんりです。
かるいです。 |

3. マリオさんは

| ハンサムで
しんせつで | 、 | せが 高いです。
頭が いいです。 |

4. マリオさんは

| インドネシア人で
技能実習生で | 、27さいです。 |

5.

| 郵便局へ 行って
あした 休んで
しごとを はじめて | も いいですか。 はい、いいです。 |

6. ここで

| 写真を とって
たばこを すって | も いいですか。 いいえ、だめです。 |

1. 例： シャワーを あびます。

きがえます。

晩ごはんを 食べます。

→シャワーを あびて、きがえて、晩ごはんを 食べます。

(1) 寮に 帰ります。

そうじします。

スーパーに 行きます。

_____

(2) ともだちに あいます。

レストランに 行きます。

食事を します。

_____

(3) しゅくだいを します。

ふろに 入ります。

ねます。

_____

2. 例： 電話を つかいます。　→電話を つかっても いいですか。

(1) まどを 開けます。 _____

(2) たばこを すいます。 _____

(3) テレビを 見ます。 _____

1. 佐藤指導員： こんどの 日曜日は 何を しますか。
   コー ： ともだちに あって、ひるごはんを 食べて、買い物を します。
   佐藤指導員： どこに 行って、何を 買いますか。
   コー ： デパートに 行って、シャツを 買います。

2. 佐藤指導員： コーさん、富士山を しっていますか。
   コー ： 名前を しっています。どんな 山ですか。
   佐藤指導員： 高くて、ゆうめいな 山ですよ。

3. コー ： その 道具を 見せてください。
   佐藤指導員： どうぞ。
   コー ： 小さくて、いいですね。

4. マリオ ： 5時ですが、帰っても いいですか。
   佐藤指導員： かたづけは おわりましたか。
   マリオ ： おわりました。
   佐藤指導員： では、帰っても いいですよ。ごくろうさん。
   マリオ ： お先に しつれいします。

1. コー : 給料は　現金ですか。
   きゅうりょう　げんきん

   主任 : いや、銀行振込だよ。キャッシュカードで　おろせるよ。
   しゅにん　ぎんこうふりこみ

   でも、むずかしいから、中村さんと　いっしょに　行くと　いいよ。
   なかむら　い

   コー : わかりました。

2. マリオ : すみません、寮に　帰っても　いいですか。
   りょう　かえ

   森指導員 : どう　した。
   もりしどういん

   マリオ : ちょっと　頭が　いたいです。へやで　休みたいです。
   あたま　やす

   森指導員 : かおいろが　わるいな。
   もりしどういん

   あとで　薬を　買って　寮へ　行くから、まってろ。
   くすり　か　りょう　い

   マリオ : はい、どうも　すみません。

3. コー : 中村さん、銀行に　いっしょに　行って、いろいろ　教えて。
   なかむら　ぎんこう　い　おし

   中村 : いいよ。
   なかむら

   コー : マリオさんも　行っても　いい？
   い

   中村 : もちろん　いいよ。
   なかむら

次の ＡＢＣの ことばを くみあわせて 文を つくりましょう。

A	B	C
寮に 帰ります	きってを 買います	新宿に 行きます
郵便局に 行きます	ふろに 入ります	てがみを 出します
駅に 行きます	きっぷを 買います	晩ごはんを 食べます
山田さんは きれいです	しんせつです	頭が いいです
マリオさんは インドネシア人です	コーさんは 中国人です	中村さんは 日本人です

例： <u>寮に 帰って、ふろに はいって、晩ごはんを 食べます。</u>

1. _____

2. _____

3. _____

4. _____

あなたの 一日を 話してください。

例： <u>朝 おきて、かおを あらって、朝ごはんを 食べます。</u>

第18課

基本の文

1. 次の 実習は 月曜日からだ。

2. 私は まいにち 工場に 行く。

3. きのうは 寒かった。

4. 山田さんは しんせつだ。

新しいことば

見学　　　用　　　　　つごう　　　ごみばこ　　ほうき　　　ちりとり
お湯　　　水　　　　　しあい　　　[〜の] こと

ならう　　かす　　かりる　　こわれる

あかい

大好き

次　　すぐ　　よろしく　　言ってください　　つごうが　わるいです　　それから

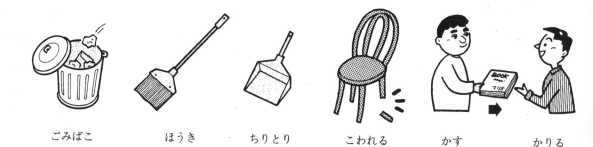

ごみばこ　　　　ほうき　　ちりとり　　　　こわれる　　かす　　　　かりる

ていねいな　ことば	ともだちの　ことば
行きます 行きません 行きました 行きませんでした あります ありません ありました ありませんでした	行く 行かない 行った 行かなかった ある ない あった なかった
寒いです 寒くないです 寒かったです 寒くなかったです	寒い 寒くない 寒かった 寒くなかった
しずかです しずかではありません しずかでした しずかではありませんでした	しずかだ しずかではない しずかだった しずかではなかった

1. 例： 本を 読む。　　→　**本を読みます。**

(1) 手紙を 書く。　_____

(2) 工場で はたらく。　_____

(3) お茶を 飲む。　_____

(4) ごはんを 食べる。　_____

(5) テレビを 見る。　_____

(6) 7時に 起きる。　_____

(7) 日本語を 勉強する。　_____

(8) マリオさんと ピンポンする。　_____

(9) 9時に ここに 来る。　_____

(10) テレビが ほしい。　_____

(11) ラーメンが 好きだ。　_____

(12) 銀行に 行きたい。　_____

(13) トイレに 行っても いい？　_____

(14) コーさんは テレビを 見ている。　_____

1. コー ： 市役所は どこですか。

   女の人 ： 駅の となりですよ。

   コー ： どのぐらい かかりますか。

   女の人 ： じてんしゃで 10分ぐらいですよ。

   コー ： どうも。

2. マリオ ： シャワーが こわれました。お湯が 出ません。

   森指導員 ： 水は 出るか。

   マリオ ： はい、水は 出ます。きのうは 水の シャワーを あびました。

   森指導員 ： わかった。すぐ しゅうりするよ。

3. コー ： 山田さん、上田さんは お元気ですか。

   山田 ： ええ、上田さんは とても お元気よ。上田さんを しっているの?

   コー ： はい、日本の ことを ならいました。
   　　　　　上田さんの 会社も 見学しました。

   山田 ： そう。上田さんは とても しんせつな 人ね。

   コー ： 上田さんに よろしく 言ってください。

4. 森指導員 ： 道具を かたづけろ。

   コー ： はい、わかりました。

   森指導員 ： それから、作業場の そうじを して、ごみを ごみばこに すてろ。

   コー ： はい。ほうきと ちりとりを かしてください。

   森指導員 ： そうこの 中に ある。わかるか。

   コー ： はい。

1. 主任 ： コーさん、サッカー　好きだよね。

   コー ： はい。大好きです。

   主任 ： こんどの　日曜日に　サッカーの　しあいが　あるから　行かないか。

   コー ： すみません。ざんねんですが、つごうが　わるいです。

2. マリオ： コーさんは　いる？

   中村 ： いない。コーさんに　用が　あるの？

   マリオ： うん。本を　かりたいから。

   中村 ： コーさんは　そうこに　いるよ。

   マリオ： ありがとう。

3. 中村 ： これ　おいしい　ぎょうざだね。コーさんが　つくったのかい。

   コー ： うん。中村さん、ぎょうざ　好き？

   中村 ： うん。大好きだよ。

   コー ： じゃ、たくさん　食べて。

   中村 ： ありがとう。

4. マリオ： じてんしゃを　かして。

   中村 ： いいよ。どこに　行くの。

   マリオ： 銀行に　行きたい。

   中村 ： あの　あかい　じてんしゃを　つかっても　いいよ。

   マリオ： ありがとう。

   中村 ： 車に　気をつけて。

タスク

はがきを 書（か）きましょう。

例（れい）:

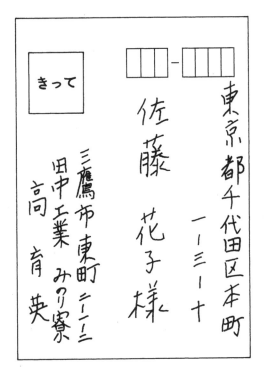

まいにち さむいですが、
先生、お元気ですか。
日本語の勉強では、たいへん
おせわに なりました。
きのう実習は むずかしい
ですが、会社の人は しんせつ
ですから まいにち たのしいです。
先生、お体に気をつけてください。
さようなら

〒□□□-□□□□
東京都千代田区本町
一ー三ー十
佐藤 花子様

きって

三鷹市東町二ー一ー二
田中工業 みのり寮
高育英

せんせい おげんきですか。
にほんごの べんきょうは たいへん
たのしかったです。いま、
にほんごが すこし わかります。
ありがとう ございました。
まいにち さむいですが、おから
だに きをつけて ください。
さようなら

〒□□□-□□□□
とうきょうと ちよだくほんちょう
一ー三ー十
さとう はなこさま

きって

みたかし ひがしちょう 二ー一ー二
たなかこうぎょう みのりりょう
コー イクエイ

さくいん

— 117 —

外国人技能実習生のための
日　本　語

生活用語集

技能実習生の皆さんへ

　この「生活用語集」は、技能実習生の皆さんが日常生活に必要な日本語を学ぶためのテキスト「生活基礎編」および「日常生活編」の別冊付録として作成したものです。

　いずれのテキストも18課で構成されており、「生活基礎編」では、各課の「基本の文」の下に「新しいことば」を、「日常生活編」では「主なことばと表現」を載せています。

　この用語集では、テキストに出てくるこれらの用語の他にも、実際の生活で役立つと思われるたくさんの用語を項目別に分類して掲載していますので、日本語の授業の予習や復習に活用するだけでなく、日本語を覚えたり、意味がわからなくて困ったときにも大いに活用して下さい。

　テキストの「基本の文」では、その課で学習する表現が提示されています。「練習1」「練習2」を通じて語彙を増やすとともに、新しい表現をしっかりと身につけて下さい。さらに「会話1」「会話2」で繰り返し会話練習をして応用力を身につけて下さい。「タスク」はその課のまとめとしての課題です。先生の指示に従って効果的な学習を進めて下さい。

　日本語を学習するときは、次のことに心がけて下さい。

1．日本人の正しい発音や抑揚に注意して、実際に声を出して覚えましょう。

2．ひらがなとカタカナは、読めるだけでなく書けるようになるまで練習しましょう。

3．新しい用語や表現は必ずメモを取るように心がけ、語彙を増やしましょう。

4．教室の中で日本語を勉強するだけでなく、日常生活の中でも積極的に覚えましょう。

5．用語や表現を暗記するだけでなく、誰か相手をさがして会話しましょう。

6．最初は表現にあまりこだわらず、積極的に会話して早く日本語に慣れましょう。

7．日本での生活習慣やきまりを覚えて、多くの日本人と友達になりましょう。

8．日常生活で目にする漢字は、読めて意味がわかるようになりましょう。

9．わからないことがあったら、遠慮せず周りの人に聞きましょう。

　技能実習生の皆さんは、日本での生活に大きな期待をお持ちだと思いますが、技能実習の成果を上げるためには、日本語能力を高めることが重要です。一日も早く日本での生活に慣れて、充実した生活を送って下さい。

致技能实习生诸位:

《生活用语集》是为了技能实习生诸位学习与掌握日常生活中必需的日语而汇编的《生活基础篇》与《日常生活篇》这 2 本教材的副本。

各教材均由 18 课构成,《生活基础篇》中各课的〈基本句型〉下面有〈生词〉,《日常生活篇》中有〈主要生词与句型〉。

本用语集除汇编了课文中出现的词语之外,还将大量实际生活中有用的词语按项目进行分类一同编进,所以不仅为日语课的复习与预习用,而且在熟记日语或因不明白词意而感到为难时也一定会给你很大的帮助。

教材的〈基本句型〉主要介绍在该课中学习的句型. 通过〈练习 1〉〈练习 2〉增加词汇量, 同时也将新句型彻底掌握。再通过〈会话 1〉〈会话 2〉进行反复会话练习提高应用能力。〈课题〉是总结该课的课题. 请在教师的指导下进行有效地学习。

在学习日语时请注意以下几点:

1. 注意听日本人的正确发音及抑扬顿挫, 并实际出声练习记牢。
2. 平假名、片假名不仅要会念, 而且要会写。
3. 生词及句型尽量记在笔记本上, 不断增加词汇量。
4. 不仅在课堂上, 而且要在日常生活中积极地学习日语。
5. 对于生词及句型光背是不够的, 应该找个别人练习会话。
6. 开始时不要过份讲究句型是否用得对, 应积极地说话尽早习惯日语。
7. 了解日本的生活习惯及规定, 多交日本朋友。
8. 在日常生活中常常见到的汉字, 应该可以读出而且要理解其含意。
9. 如果有什么不明白的事儿, 要积极地向周围的人询问。

各位技能实习生, 大家一定对在日本的生活抱有很大期望。为了取得良好的技能实习成果, 提高日语能力是十分重要的。衷心希望你们尽早习惯日本的生活, 并生活得更充实。

To Technical Interns

This List of Daily Terms has been prepared as a supplement to the textbooks Basics of Living and Daily Life for you in learning necessary Japanese terms used in daily life.

Both textbooks are made up of 18 lessons. In "Basics of Living", you will find "New Words" under "Basic Sentences" of each lesson. In "Daily Life", you will find "Main Words and Expressions".

In addition to these words which appear in the textbooks, this "List of Daily Terms" contains many useful words in the everyday life categorized by item. So, in addition to using it in preparing for and reviewing the Japanese lessons, please use it extensively, e. g. when you try to memorize Japanese words and as a kind of dictionary in case you come across unknown words.

The textbook's "Basic Sentences" shows the expressions to be learned in each lesson. In addition to increasing your vocabulary through "Exercise 1" and "Exercise 2", please try to master the new expressions. Also please try to master their applications in conversation by repeating the conversation exercises in "Conversation 1" and "Conversation 2". "Tasks" are questions aiming to summarize each lesson. Please effectively study according to the teacher's instructions.

When studying Japanese, please note the following.

1. Let's learn by actual pronouncing with attention to correct pronunciation and intonation.
2. Let's practice HIRAGANA and KATAKANA so that you can write them in addition to reading.
3. Let's increase the vocabulary by never failing to make note of new words and expressions.
4. Not just studying Japanese in classrooms, let's actively learn it in daily life.
5. Not just memorizing words and expressions, let's try to find conversation partners and practice.
6. At first, you don't be too nervous about correct expressions. Rather you should join actively in conversation and become familiar with Japanese.
7. Let's make friends with many Japanese to learn Japanese living customs and rules.
8. Try to be able to read and understand the meaning of KANJI around your daily life.

9. If you have any questions about Japanese, feel free to consult with Japanese around you.

Your life in Japan should be enjoyable. It is vital to develop your Japanese language skills in order to make your technical intern training more effective. Please try to become familiar with Japanese living as soon as possible to fully enjoy your stay here.

Kepada para peserta praktek kerja,

Buku "Daftar Istilah Sehari—hari" ini dibuat sebagai tambahan dari buku panduan [Dasar Kehidupan] dan [Kehidupan Sehari—hari] untuk para peserta praktek kerja mempelajari bahasa Jepang yang diperlukan dalam kehidupan sehari—hari.

Kedua buku teks pelajaran itu terdiri dari delapan belas mata pelajaran. Pada buku "Dasar Kehidupan" anda bisa mempelajari kata—kata baru pada kalimat—kalimat dasarnya. Sedangkan dalam buku "Kehidupan Sehari—hari" anda bisa mempelajari tentang kata—kata pokok dan ungkapan.

Selain perkataan yang terdapat dalam buku pelajaran tsb, masih banyak istilah yang dipergunakan dalam kehidupan nyata sehari—hari, yang dikelompokan berdasarkan penggunaannya dalam buku "Daftar Istilah Sehari—hari" ini. Jadi buku ini bisa dipakai selain untuk mempersiapkan dan mengulang pelajaran bahasa Jepang, juga untuk menghafal istilah bahasa Jepang dan membantu kita sewaktu mengalami kesulitan tidak mengerti arti suatu perkataan.

Di dalam kalimat—kalimat dasar di buku teks, terdapat ungkapan—ungkapan yang dipelajari di setiap mata pelajaran. Tambahkanlah perbendaharaan kata—kata anda dan istilah ungkapan—ungkapan baru dengan berlatih melalui buku "Latihan I" dan "Latihan II". Selain itu, anda juga bisa meningkatkan kemampuan percakapan dengan mengulang latihan percakapan di buku "Percakapan I" dan "Percakapan II". Ringkasan dari setiap pelajaran terdapat dalam buku teks "Tugas". Ikutilah petunjuk guru, agar pelajaran bisa berjalan lancar.

Perhatikanlah petunjuk di bawah ini sewaktu mempelajari Bahasa Jepang :

1. Belajar dengan percakapan yang sesungguhnya,perhatikan lafal dan intonasi orang Jepang yang tepat.

2. Mempelajari HIRAGANA dan KATAKANA bukan hanya sampai sekedar bisa membacanya saja, melainkan juga menulisnya.

3. Tambahkan perbendaharaan kata—kata dengan menuliskan setiap perkataan baru serta ungkapan baru.

4. Selain belajar bahasa Jepang di dalam kelas, juga aktif belajar dalam kehidupan sehari—hari.

5. Selain menghafal kata—kata dan ungkapan, cobalah juga untuk bercakap—cakap dengan seseorang.

6. Pada mulanya, tak perlu mencemaskan masalah ungkapan yang tepat, sebaliknya berbicaralah dengan aktiv agar bahasa Jepang anda lancar.

7. Bertemanlah dengan orang Jepang sebanyak mungkin, dan mempelajari adat istiadat Jepang serta tata tertipnya.

8. Pelajarilah huruf KANJI yang sering dijumpai dalam kehidupan sehari—hari, sampai bisa membaca dan mengerti artinya.

9. Bila ada yang tidak dimengerti, jangan malu bertanya kepada orang di sekitar.

Para peserta praktek kerja tentunya menaruh harapan besar pada kehidupan di Jepang ini. Oleh karena itu penting sekali meningkatkan kemampuan berbahasa Jepang untuk meningkatkan hasil praktek kerjanya. Semoga secepatnya terbiasa dengan kehidupan di Jepang, supaya dapat menikmati kehidupan dengan baik.

Gởi các thực tập sinh kỹ năng

Cuốn "Từ vựng trong đời sống" này là phụ lục tập riêng được soạn ra để bổ sung cho các sách giáo khoa tiếng Nhật, quyển "Cơ bản cho đời sống" và quyển "Đời sống hàng ngày", giúp bạn học những từ tiếng Nhật cần thiết cho cuộc sống hàng ngày.

Cả hai sách ấy đều có 18 bài học. Trong quyển "Cơ bản cho đời sống", dưới "Các câu cơ bản" của mỗi bài học có mục "Những từ mới". Trong quyển "Đời sống hàng ngày", có mục "Những từ và thành ngữ chủ yếu".

Ngoài những từ đã xuất hiện trong các sách ấy, "Từ vựng trong đời sống" này có chứa nhiều từ hữu ích cho cuộc sống hàng ngày được phân loại theo từng chủ đề. Vì vậy, ngoài việc sử dụng nó để chuẩn bị và học ôn những bài học tiếng Nhật, hãy tận dụng nó khi bạn muốn nhớ hay tra nghĩa các từ tiếng Nhật mà bạn chưa biết.

Mục "Các câu cơ bản" của sách giáo khoa dạy các thành ngữ trong mỗi bài học. Hãy làm "Bài tập 1" và "Bài tập 2" để tăng vốn từ vựng cũng như nắm vững các thành ngữ mới. Ngoài ra hãy trau dồi khả năng ứng dụng bằng cách luyện tập nhiều lần các bài tập trò chuyện "Hội thoại 1" và "Hội thoại 2". "Bài tập" là phần bài làm tổng kết mỗi bài học. Hãy học tập có hiệu quả theo hướng dẫn của giáo viên. Khi học tiếng Nhật, xin lưu ý những điều sau đây.

1. Hãy chú ý tới cách phát âm và ngữ điệu của người Nhật rồi nói ra tiếng để học phát âm.
2. Hãy tập viết hiragana và katakana cho tới khi viết ra được chớ không phải chỉ biết đọc chúng.
3. Hãy tăng vốn từ vựng bằng cách ghi chép cẩn thận các từ và các thành ngữ mới.
4. Không chỉ học tiếng Nhật trong lớp học mà hãy tích cực học hỏi trong cuộc sống hàng ngày.
5. Không chỉ ghi nhớ các từ ngữ và thành ngữ không thôi mà hãy cố gắng tìm kiếm đối tác để tập luyện nói chuyện.
6. Lúc đầu, đừng cố gắng phải nói đúng theo các thành ngữ mà nên tích cực trò chuyện để sớm quen với tiếng Nhật.
7. Hãy làm bạn với nhiều người Nhật để tìm hiểu phong tục, tập quán của Nhật Bản.
8. Hãy cố gắng đọc và hiểu ý nghĩa của những chữ Kanji gặp phải trong cuộc sống hàng ngày.
9. Nếu có gì không hiểu, hãy hỏi người xung quanh chớ đừng ngần ngại.

Bạn đã đặt nhiều kỳ vọng vào việc đào tạo tại Nhật Bản. Để cho sự đào tạo có hiệu quả hơn, việc phát triển tốt năng lực tiếng Nhật rất là quan trọng. Hãy cố gắng làm quen với đời sống ở Nhật Bản càng sớm càng tốt để cuộc sống có ý nghĩa trong thời gian thực tập.

（フィリピン語）

Para sa mga Technical Intern

Itong Listahan ng Pang-araw-araw na Pananalita ay inihanda bilang isang suplemento sa mga textbook ng "Pangunahing Pamumuhay" at "Pang-araw-araw na Buhay" na kailangan para sa inyong pag-aaral ng pananalitang Hapon na ginagamit sa Pang-araw-araw na Buhay.

Ang parehong textbook ay binubuo ng 18 aralin. Sa Pangunahing Pamumuhay ay makikitaan ng "Mga Bagong Salita" sa ilalim ng "Mga Pundamental na Pangungusap" ng bawat aralin. Sa "Pang-araw-araw na Buhay" ay makikitaan ng "Mga Pangunahing Salita at mga Pamamahayag".

Bilang karagdagan sa mga salitang lumabas sa mga textbook, itong "Listahan ng Pang-araw-araw na Pananalita" ay naglalaman ng maraming kapaki-pakinabang na mga salita sa araw-araw na buhay ayon sa kani-kanilang kategorya. Kaya, bilang karagdagan sa paggamit ng mga ito sa paghahanda at pagrerepaso ng mga araling Hapon, mangyaring gamitin ito nang husto, halimbawa, kapag sinusubukan na isaulo ang mga salitang Hapon at bilang isang uri ng diksyunaryo kung sakaling dumating pagkakataon hindi alam na salita.

Ang mga textbook na "Mga Pundamental na Pangungusap" ay nagpapakita ng mga pamamahayag na matutuhan sa bawat aralin. Bukod sa nadaragdagan ang iyong bokabularyo sa pamamagitan ng mga "Exercise 1" at Exercise 2". Mangyaring subukan na magsanay ng mga bagong pamamahayag. Mangyaring din na subukan na magsanay sa kanilang mga aplikasyon sa pag-uusap sa pamamagitan ng pag-uulit ng mga pagsasanay sa pag-uusap sa " Salitaan 1" at " Salitaan 2". Ang "Mga Gawain" ay tanong na ang layunin ay ibuod ang bawat aralin. Mangyaring epektibong pag-aralan ayon sa tagubilin ng mga guro.

Nag-aaral tayo ng wikang Hapon, mangyaring tandaan ang mga sumusunod.

1. Isaulo habang binibigkas na may pansin sa tamang bigkas ng mga Hapones at pagkakatugma.
2. Praktisin ang HIRAGANA at KATAKANA hindi lamang sa pagbabasa kundi narin sa pagsusulat.
3. Subukang magtala ng mga bagong salita at ekspresyon para madagdagan ang bokabularyo.
4. Aktibong isaulo natin ang wikang Hapones sa araw-araw na pamumuhay na hindi lamang sa loob ng silid-aralan.
5. Hindi lamang isaulo ang mga salita at ekspresyon, ngunit subukang mahanap ng sinuman na maaari magkaroon ng pag-uusap.
6. Huwag manatili sa pagpapahayag nang sobra sa una, ngunit sikapin ang mabilis na paggamit ng wikang Hapon sa pamamagitan ng pagkakaroon ng aktibong pag-uusap.
7. Alamin ang mga gawi ng pamumuhay at mga patakaran ng Japan at gumawa ng maraming Hapones na kaibigan.
8. Subukan na basahin at unawain ang kahulugan ng KANJI na nakikita mo sa araw-araw na buhay.
9. Kung mayroon kang isang bagay na hindi mo alam, huwag mag-atubiling magtanong sa mga tao sa paligid mo.

Sa palagay ko sa iyo bilang isang technical intern ay may malaking pag-aasam sa buhay sa Japan, ngunit ito ay mahalaga na mapaunlad ang kakayahan sa wikang Hapon upang makamit ang technical intern training. Masanay sa buhay sa Japan sa lalong madaling panahon at gugulin ang matagumpay na buhay.

ผู้ฝึกงานทุกท่าน

"ประมวลคำศัพท์เพื่อการดำรงชีวิต" ฉบับนี้จัดทำขึ้นเป็นภาคผนวกของตำราเรียนภาษาญี่ปุ่น "ฉบับพื้นฐานการดำรงชีวิต" และ "ฉบับพื้นฐานชีวิตประจำวัน" โดยได้รวบรวมคำศัพท์ที่จำเป็นในการดำรงชีวิตประจำวันของผู้ฝึกงานทุกท่านเอาไว้

ตำราเรียนแต่ละฉบับประกอบด้วยบทเรียน 18 บท "ฉบับพื้นฐานการดำรงชีวิต" จัด "คำศัพท์ใหม่" เอาไว้ที่ด้านล่าง "ประโยคพื้นฐาน" ของแต่ละบท ส่วน "ฉบับพื้นฐานชีวิตประจำวัน" มีประมวล "คำศัพท์และสำนวนที่สำคัญ"

ประมวลคำศัพท์ฉบับนี้รวบรวมคำศัพท์ที่ปรากฏในตำราเรียนทั้งสองฉบับและคำศัพท์อื่น ๆ อีกเป็นจำนวนมากที่เป็นประโยชน์ต่อการดำรงชีวิตโดยได้จัดแยกเอาไว้เป็นหมวดหมู่ ซึ่งนอกจากจะใช้ประกอบการเตรียมตัวก่อนเข้าเรียนและทบทวนบทเรียนภาษาญี่ปุ่นแล้ว ขอให้นำไปใช้ประโยชน์ด้านอื่นอย่างเต็มที่ด้วย เช่น ช่วยจำคำศัพท์ภาษาญี่ปุ่น และใช้เมื่อประสบปัญหาไม่เข้าใจความหมายภาษาญี่ปุ่น

"ประโยคพื้นฐาน" ในตำราเรียนแสดงสำนวนที่จะเรียนในบทเรียนนั้น ๆ กำกับเอาไว้ จึงควรท่องจำคำศัพท์และสำนวนใหม่ ๆ อย่างถูกต้องแม่นยำผ่านทาง "แบบฝึกหัดที่ 1" "แบบฝึกหัดที่ 2" พร้อมทั้งฝึกการสนทนาใน "บทสนทนา 1" "บทสนทนา 2" ทบทวนซ้ำหลายครั้งให้คล่องปากแล้วนำไปประยุกต์ใช้ในสถานการณ์จริง ส่วน "task" คือการสรุปประเด็นสำคัญของบทเรียนนั้น ๆ ขอให้ทุกท่านเล่าเรียนตามคำแนะนำของอาจารย์เพื่อให้ความรู้และทักษะภาษาญี่ปุ่นรุดหน้าอย่างมีประสิทธิผลต่อไป

ข้อควรคำนึงในการเรียนภาษาญี่ปุ่น

1. ท่องจำคำและสำนวนต่าง ๆ โดยพูดออกมาจริง ๆ พร้อมทั้งคอยสังเกตสำเนียงและการออกเสียงเน้นสูงต่ำที่ถูกต้องของคนญี่ปุ่น

2. สำหรับอักษรฮิรางานะและคาตาคานะ ให้ฝึกเขียนพร้อมกันไปกับการอ่านออกเสียง

3. พยายามเพิ่มคำศัพท์ด้วยการจดคำและสำนวนใหม่ ๆ ทุกครั้งที่ได้ยิน

4. นอกจากเรียนภาษาญี่ปุ่นในชั้นเรียนแล้ว ควรพยายามจำภาษาญี่ปุ่นระหว่างการดำรงชีวิตประจำวันด้วยความตั้งใจด้วย

5. นอกจากจะจำคำศัพท์และสำนวนจนขึ้นใจแล้ว ควรหาคู่สนทนาเพื่อใช้คำศัพท์และสำนวนนั้นจริง ๆ ด้วย

6. ขั้นแรกพยายามทำความคุ้นเคยกับภาษาญี่ปุ่นโดยเร็วด้วยการสนทนา โดยไม่ต้องคำนึงถึงสำนวนให้มากนัก

7. จดจำและทำความคุ้นเคยกับลักษณะการดำรงชีวิตและกฎเกณฑ์ต่าง ๆ ของญี่ปุ่น และเป็นเพื่อนกับคนญี่ปุ่นหลาย ๆ คน

8. พยายามค้นคว้าหาวิธีอ่านและทำความเข้าใจกับตัวอักษรคันจิที่พบในชีวิตประจำวัน

9. ถ้ามีอะไรไม่เข้าใจให้ถามคนที่อยู่รอบข้างโดยไม่ต้องเกรงใจ

ทางเราคิดว่าผู้ฝึกงานทุกท่านคงฝากความหวังไว้อย่างมากในการดำรงชีวิตอยู่ในญี่ปุ่น การที่จะฝึกทักษะการทำงานให้ได้ผลยิ่งขึ้นนั้นจำเป็นต้องยกระดับความสามารถภาษาญี่ปุ่นของตนให้สูงขึ้น จึงขอให้ทุกท่านทำความคุ้นเคยกับภาษาญี่ปุ่นให้ได้โดยเร็วและใช้ชีวิตในญี่ปุ่นอย่างมีประสิทธิผลเต็มที่

ជូនចំពោះកម្មសិក្សាការីគ្រប់រូប

"តារាងវាក្យសព្ទសម្រាប់ប្រើប្រាស់នៅក្នុងការសន្ទនា"នេះ
គឺជាឯកសារឧបសម្ព័ន្ធដែលត្រូវបានបង្កើតឡើងនិងភ្ជាប់ជាមួយសៀវភៅសិក្សាស្តីពី "ខ្ញុំសារមូលដ្ឋានទាក់ទងនឹងការសន្ទនា" និង "ខ្ញុំសារទាក់ទងនឹងការសន្ទនាប្រចាំថ្ងៃ"ដែលកម្មសិក្សាការីទាំងអស់នឹងប្រើប្រាស់សៀវភៅទាំងនេះនៅក្នុងការសិក្សាភាសាជប៉ុនដែលចាំបាច់សម្រាប់ការសន្ទនាប្រចាំថ្ងៃរបស់ពួកគេ។

សៀវភៅសិក្សានីមួយៗផ្សំឡើងពីមេរៀនចំនួន 18 ដោយនៅក្នុងសៀវភៅ "ខ្ញុំសារមូលដ្ឋានទាក់ទងនឹងការសន្ទនា" មានចំណុច "ពាក្យថ្មី" ស្ថិតនៅក្រោមផ្នែក "ឃ្លាមូលដ្ឋាន" នៃមេរៀននីមួយៗ ហើយនៅក្នុងសៀវភៅ "ខ្ញុំសារទាក់ទងនឹងការសន្ទនាប្រចាំថ្ងៃ" ក៏មានផ្នែក"ពាក្យនិងឃ្លាសំខាន់ៗ ផងដែរ។

តារាងវាក្យសព្ទនេះ រួមមានវាក្យសព្ទដែលអ្នកនឹងជួបប្រទះនៅក្នុងសៀវភៅសិក្សា
ក្រៅពីនោះក៏រួមមានវាក្យសព្ទផ្សេងៗទៀតជាច្រើនដែលនឹងផ្តល់ប្រយោជន៍សម្រាប់ការប្រើប្រាស់នៅក្នុងការសន្ទនាជាក់ស្តែង
ដោយវាក្យសព្ទទាំងអស់នេះត្រូវបានបែងចែកទៅតាមប្រភេទនីមួយៗ ដូច្នេះ
អ្នកមិនត្រឹមតែអាចប្រើតារាងនេះនៅក្នុងការសិក្សាទុកជាមុនប៉ុណ្ណោះទេ
អ្នកក៏អាចប្រើប្រាស់វានៅពេលអ្នកសុក្រដើម្បីចងចាំភាសាជប៉ុនឬនៅពេលអ្នកជួបប្រទះនឹងពាក្យដែលអ្នកមិនយល់ន័យ។

ផ្នែក"ឃ្លាមូលដ្ឋាន"នៅក្នុងសៀវភៅសិក្សានឹងរួមបញ្ចូលឃ្លាសំខាន់ៗសម្រាប់រៀននៅក្នុងមេរៀននីមួយៗ។
សូមអ្នកបង្កើនវាក្យសព្ទសម្រាប់សិក្សាបន្ថែមទៀតតាមរយៈផ្នែក "អនុគូត1" និង "អនុគូត2" ព្រមទាំងសិក្សាឃ្លាថ្មីៗអោយបានយល់ច្បាស់លាស់។ ម្យ៉ាងទៀត សូមអ្នកសាកល្បងអនុគូត "ការសន្ទនា1" និង "ការសន្ទនា2" អោយបានច្រើនដង
ដើម្បីបង្កើនសមត្ថភាពប្រើប្រាស់ឃ្លាទាំងនោះនៅក្នុងការសន្ទនាជាក់ស្តែង។
ផ្នែក"កិច្ចការ"គឺជាខ្ញុំសារសំខាន់ៗដែលមានលក្ខណៈសង្ខេបសម្រាប់មេរៀននីមួយៗ។
សូមអ្នកបន្តការសិក្សាប្រកបដោយប្រសិទ្ធភាពដោយអនុគូតទៅតាមការណែនាំរបស់គ្រូបង្រៀនរបស់អ្នក។

នៅពេលអ្នកសិក្សាភាសាជប៉ុន សូមអ្នកចងចាំនូវចំណុចទាំងឡាយខាងក្រោមនេះ។
1. អ្នកគួរចាប់អារម្មណ៍ចំពោះការបញ្ចេញនិងការលើកដាក់សម្លេងដែលត្រឹមត្រូវរបស់ជនជាតិជប៉ុន
   ដោយអនុគូតការបញ្ចេញសម្លេងទាំងនោះជាក់ស្តែងដើម្បីចងចាំបានច្បាស់លាស់។
2. សម្រាប់គួអក្សរហ៊ីរ៉ាហ្កាណានិងកាតាកាណា អ្នកគួរអនុគូតដោយមិនត្រឹមតែអាចអានបានទេ
   គឺគួអនុគូតរហូតដល់អ្នកអាចសរសេរគួអក្សរនីមួយៗបាន។
3. អ្នកគួរព្យាយាមកត់ត្រាទុកនូវវាក្យសព្ទឬឃ្លាថ្មីៗជានិច្ច ដើម្បីបន្ថែមវាក្យសព្ទសម្រាប់សិក្សាជាបន្តបន្ទាប់។
4. អ្នកគួររៀនភាសាជប៉ុនមិនត្រឹមតែនៅក្នុងថ្នាក់រៀនប៉ុណ្ណោះទេ
   ប៉ុន្តែក៏គួរព្យាយាមចងចាំភាសាជប៉ុននៅពេលអ្នកស្ថិតនៅក្នុងស្ថានភាពសន្ទនាប្រចាំថ្ងៃផងដែរ។
5. អ្នកមិនគួរត្រឹមតែសូត្រដើម្បីចងចាំវាក្យសព្ទឬឃ្លាប៉ុណ្ណោះទេ ប៉ុន្តែអ្នកគួរស្វែងរកដៃគូដើម្បីអនុគូតការសន្ទនាជាក់ស្តែង ។
6. មុនដំបូង អ្នកមិនចាំបាច់ខំប្រើប្រាស់ឃ្លាអោយបានត្រឹមត្រូវតឥតខ្ចោះនោះទេ
   ប៉ុន្តែអ្នកគួរមានភាពសកម្មនៅក្នុងការបង្កើតការសន្ទនាផ្សេងៗដើម្បីធ្វើអោយខ្លួនឯងសាំទៅនឹងការប្រើប្រាស់ភាសាជប៉ុន។
7. អ្នកគួរចងចាំនូវទម្លាប់វិន័យនៅក្នុងការសន្ទនានៅក្នុងឧបទេសជប៉ុន ដើម្បីបង្កើនមិត្តភក្តិជាជនជាតិជប៉ុនអោយបានច្រើន។
8. នៅក្នុងការសន្ទនាប្រចាំថ្ងៃ នៅពេលអ្នកឃើញគួអក្សរខាន់ជំ អ្នកគួររៀនអាននិងខំប្រើយល់ន័យរបស់ពាក្យទាំងនោះ។
9. ប្រសិនបើអ្នកមានចម្ងល់ អ្នកគួរសាកសួរទៅមនុស្សនៅជុំវិញខ្លួនអ្នកដោយមិនចាំបាច់ខ្លាចចិត្តនោះទេ។

យើងជឿជាក់ថាកម្មសិក្សាការទាំងអស់មានក្ដីពឹងដ៏ផ្ដេឿង១ខ្លួនសម្រាប់ការរស់នៅក្នុងប្រទេសជប៉ុន
ប៉ុន្តែដើម្បីទទួលបានលទ្ធផលពីកម្មសិក្សារបស់ខ្លួនអោយបានកាន់តែល្អប្រសើរ
វាមានសារៈសំខាន់សម្រាប់អ្នកខ្លាំងណាស់នៅក្នុងការបង្កើនសមត្ថភាពភាសា
ជប៉ុនរបស់ខ្លួនអ្នក។ យើងសង្ឃឹមថាអ្នកនឹងអាចស៊ាំទៅនឹងការរស់នៅក្នុងប្រទេសជប៉ុនបាននាប់ហើស
ក៏ដូចជាអាចរស់នៅប្រកបដោយភាពរីករាយនិងទទួលបានសមិទ្ធផលពេញលេញ។

နည်းပညာကျွမ်းကျင်မှုအလုပ်သင်လုပ်သားအားလုံးသို့

ဤ "လူနေမှုဘဝသုံးဝေါဟာရပေါင်းချုပ်"သည် နည်းပညာကျွမ်းကျင်မှုအလုပ်သင်လုပ်သားအားလုံးတို့ ၏ နေ့စဉ်လူနေမှုဘဝတွင်လိုအပ်သည့် ဂျပန်ဘာသာစကားကိုလေ့လာသင်ယူရာတွင် အသုံးပြုသော "လူနေမှုဘဝဆိုင်ရာအခြေခံများ"နှင့် "နေ့စဉ်လူနေမှုဘဝ"ဆိုသည့် ဖတ်စာအုပ်တို့၏ သီးခြားဖြည့်စွက် စာစောင်အဖြစ် ထုတ်ဝေထားခြင်းဖြစ်သည်။

မည်သည့်ဖတ်စာအုပ်တွင်မဆို အခန်း၁၈ခန်းဖြင့် ဖွဲ့စည်းထားပြီး "လူနေမှုဘဝဆိုင်ရာအခြေခံများ" စာအုပ်တွင် အခန်းတိုင်းရှိ "အခြေခံစာကြောင်းများ" ၏အောက်တွင် "စကားလုံးအသစ်များ"၊ "နေ့စဉ်လူနေမှု ဘဝ"စာအုပ်တွင် "အဓိကစကားလုံးများနှင့်ဖော်ပြချက်များ"ကိုထည့်သွင်းထားပါသည်။

ကျွန်တော်ဝေါဟာရပေါင်းချုပ်တွင်မူဖတ်စာအုပ်များ၌ပါရှိသောဝေါဟာရတို့အပြင် လက်တွေ့လူနေမှုဘဝတွင် အသုံးဝင်သည်ဟု မှတ်ယူနိုင်သောဝေါဟာရအများအပြားကို သီးခြားခေါင်းစဉ်အလိုက် အမျိုးအစားခွဲခြားကာ ဖော်ပြထားသည့်အတွက် ဂျပန်ဘာသာသင်တန်းအတွက် ကြိုတင်လေ့လာခြင်းနှင့် ပြန်လှန်လေ့ကျင့်ခြင်းတို့ ပြု ရာတွင် အသုံးပြုနိုင်ရုံသာမကဂျပန်ဘာသာစကားတို့ကိုလေ့လာမှတ်သားသည့်အခါနှင့် အဓိပ္ပါယ်နားမလည် သည့်အခါများတွင်များစွာအသုံးချပါ။

ဖတ်စာအုပ်တွင် ပါရှိသော "အခြေခံစာကြောင်းမ"တွင် ယင်းအခန်း၌လေ့လာသင်ယူရမည် ဖော်ပြ ချက်တို့ကိုထည့်သွင်းထားပါသည်။ "လေ့ကျင့်ခန်း ၁"နှင့် "လေ့ကျင့်ခန်း ၂"တို့မှတစ်ဆင့် ဝေါဟာရများကျယ်ဝ စေခြင်းနှင့်အတူဖော်ပြချက်အသစ်တို့ကို ကျွမ်းကျင်ပိုင်နိုင်စွာအသုံးပြုနိုင်လာအောင် လေ့ကျင့်ပါ။ ထို့အပြင် "စကားပြော ၁"နှင့် "စကားပြော ၂"တို့ကို အပြန်ပြန်အလှန်လှန် လေ့ကျင့်ပြောဆိုပြီးတို့ပြန်ပြောဆိုနိုင်စွမ်း မြင့်လာအောင် ကြိုးပမ်းပါ။ "လုပ်ဆောင်ရန်"တို့မှာယင်းသင်ခန်းစာ၏ အနှစ်ချုပ်အနေနှင့်ဖြစ်သည့် မေးခွန်းပုစ္ဆာ များပင်ဖြစ်သည်။ ဆရာ/မ၏ လမ်းညွှန်မှုဖြင့် အကျိုးထိရောက်မှုရှိသောလေ့လာသင်ယူမှုတို့ကိုဆက်လက် လုပ်ဆောင်ပါ။

ဂျပန်ဘာသာကိုလေ့လာသင်ယူရာတွင် အောက်ပါအချက်တို့ကို နှလုံးသွင်းဂရုပြုပါ။

1. ဂျပန်လူမျိုးတို့၏ မှန်ကန်သောအသံထွက်နှင့် အသံအနိမ့်အမြင့်တို့ကိုသတိပြုပြီးလက်တွေ့ အသံထွက် ရွတ်ဆိုခြင်းဖြင့် လေ့လာမှတ်သားပါ။
2. ဟီရဂနနှင့် ခါတခဲနတို့ကိုဖတ်နိုင်ရုံသက်သက်သာမကရေးနိုင်သည်အထိလေ့ကျင့်ပါ။
3. ဝေါဟာရအသစ်များနှင့် ဖော်ပြချက်အသစ်များကို မပျက်မကွက် မှတ်စုထုတ်ရန်သတိပြုပြီး စကားလုံး အသုံးအနှုန်းကြွယ်ဝအောင်လုပ်ဆောင်ပါ။
4. စာသင်ခန်းထဲတွင်သာဂျပန်ဘာသာလေ့လာသင်ယူမျိုးမဟုတ်ဘဲနေ့စဉ်လူနေမှုဘဝမှာလည်း တက်ကြွ စွာလေ့လာမှတ်သားပါ။

5. ဝေါဟာရများနှင့် ဖော်ပြချက်များကိုအလွတ်ကျက်ရုံသာမက စကားပြောဖက်တစ်ယောက်ယောက်ကို ရှာဖွေပြီးစကားပြောပါ။

6. အစပိုင်းတွင် ဖော်ပြချက်များကိုရေးကြီးခွင်ကျယ်သိပ်မပြုဘဲတက်ကြွစွာစကားပြောဆိုပြီးဂျပန်ဘာသာ နှင့် စောစောအကျွမ်းတဝင်ဖြစ်အောင်လုပ်ဆောင်ပါ။

7. ဂျပန်နိုင်ငံရှိလူနေမှုဓလေ့ထုံးစံများနှင့် သတ်မှတ်ချက်များကိုလေ့လာမှတ်သားပြီးများစွာသောဂျပန် လူမျိုးများနှင့် မိတ်ဆွေဖြစ်အောင်လုပ်ဆောင်ပါ။

8. နေ့စဉ်လူနေမှုဘဝထဲတွင်မြင်တွေ့နေရသောခန်းဂီးစာလုံးများကိုဖတ်ရှုပြီးအဓိပ္ပယ်နားလည်အောင် လုပ်ဆောင်ပါ။

9. နားမလည်သည့်အရာများရှိပါကပတ်ဝန်းကျင်ရှိလူများကိုအားမနာဘဲမေးမြန်းပါ။

နည်းပညာကျွမ်းကျင်မှုအလုပ်သင်လုပ်သားအားလုံးတို့သည် ဂျပန်နိုင်ငံ၏ လူနေမှုဘဝအပေါ် မျှော်လင့်ချက် ကြီးကြီးမားမားထားရှိမည်ဟုမျှော်လင့်ထားသော်လည်းနည်းပညာလေ့ကျင့်သင်ယူမှုရလဒ်ကို မြင့်တင်နိုင်ရန် အတွက် ဂျပန်ဘာသာစွမ်းရည်မြင့်မားအောင်လုပ်ဆောင်ရန် အရေးကြီးပါသည်။ တစ်ရက်ပင်ဖြစ်ဖြစ် ဂျပန်နိုင်ငံ ၏ လူနေမှုဘဝနှင့် စောစီးစွာအသားကျပြီးအံဝင်ခွင်ကျဖြစ်သောလူနေမှုဘဝကိုလုပ်ဆောင်ပါ။

生活用語 集

日本語 【JAPANESE】	中国語 【中国话】	英語 【ENGLISH】	インドネシア語 【BAHASA INDONESIA】	ベトナム語 【Tiếng Việt】
食べ物	食品	Food, a meal	Makanan	Thức ăn
ご飯（めし）	米饭（饭）	meal	nasi	cơm
味噌汁	酱汤	miso soup, bean paste soup	sup taoco	canh tương Nhật
焼き魚	烤鱼	broiled fish	ikan panggang	cá nướng
とんかつ	炸猪排	fried pork cutlet	gorengan daging babi	thịt lợn chiên xù
サラダ	色拉	salad	selada	xà lách
おにぎり	饭团子	rice ball（s）	nasi genggam	cơm vắt
ラーメン	拉面／面条	Chinese noodle soup	mie kuah	mì
うどん	乌冬面	wheat noodles	bami (bakmi)	mì udon
そば	荞麦面条	buckwheat noodles	mie Jepang	mì soba
焼きそば	炒面	fried noodles	mie goreng	mì xào
天ぷら	天麸罗	tempura;deep-fried fish and vegetables	tempura（makanan gorengan）	tempura (hải sản, rau, củ tẩm bột mì rán ngập trong dầu)
カレーライス	咖喱饭	curry and rice	nasi kari	cơm cà ri
中華料理	中餐	Chinese food	masakan Cina	món ăn Tàu
餃子	饺子	Chinese dumpling, fried or boiled	jiaoz	bánh chèo
しゅうまい	烧卖	Chinese dumplings, steamed	shaomai	xíu mại
寿司	寿司	sushi	sushi	sushi
刺身	生鱼片	sashimi（raw fish）	sashimi（irisan tipis dari daging ikan mentah）	sashimi (cá sống)
天丼	天麸罗盖饭	rice bowl topped with tempura	temdon（nasi tempura）	tendon (tô cơm trên có tempura)
カツ丼	炸猪排盖饭	rice bowl topped with fried pork cutlet	katsudon (nasi daging babi goreng)	katsudon (tô cơm trên có thịt lợn chiên xù)
チャーハン	炒饭	fried rice	nasi goreng	cơm chiên
焼き肉	烤肉	broiled meat	daging panggang	thịt nướng
定食	套餐	a set meal（usually includes miso soup and rice）	hidangan langkap	cơm phần
納豆	纳豆	natto（fermented soybeans）	natto	natto (đậu tương lên men)

フィリピン語 【Filipino】	タイ語 【ภาษาไทย】	カンボジア語 【ภาษาเขมร】	ミャンマー語 【မြန်မာ】
Mga pagkain	อาหาร	ចំណីអាហារ	စားစရာ
pagkain	ข้าว	អាហារ	ထမင်း
miso soup	ซุปมิโซะ(เต้าเจี้ยวญี่ปุ่น)	ស៊ុបមីស	ပဲဆီဟင်းရည်
inihaw na isda	ปลาย่าง	ត្រីចៀន	ငါးကင်
tonkatsu	ทงคาสึ	សាច់ជ្រូកបំពងម្សៅ	ဝက်သားပြားကြော်
salad	สลัด	ញាំសាលាដ	အသုပ်
rice ball	ข้าวปั้น	បាយពុត	ထမင်းဆုပ်
ramen	ราเม็ง	មីរ៉ាម៉ែន	ရာမန်ခေါက်ဆွဲ
udon	อุด้ง	មីអ៊ុដុង	အုဒွန်ခေါက်ဆွဲ
soba	โซบะ	មីសូបា	ဆိုဘာခေါက်ဆွဲ
yakisoba	บะหมี่ผัด	មីសា	ခေါက်ဆွဲကြော်
tempura	เท็มปุระ	ថេមពីវ៉ា (បន្លែឬបង្កាបំពងម្សៅ)	တန်ပုရာကြော်
curry rice	ข้าวกะหรี่	បាយជាមួយការី	ကာရေထမင်း
Chinese food	อาหารจีน	ម្ហូបចិន	တရုတ်ဟင်း
Gyoza	เกี๊ยวซ่า	គារ (សម្បុកឈើរ៉ាស)	ဇက်ထုတ်
Siomai	ขนมจีบ	ស៊ុម៉ម៉	ဝက်သားပေါင်း
sushi	ซูชิ	ស៊ូស៊ិ	ဆူရှီ
sashimi	ซาชิมิ(ปลาดิบ)	អាហារត្រីតនៅ	ငါးအစိမ်းလွှာ
Tendon (rice bowl na may *tempura*)	ข้าวหน้าเท็มปุระ	បាយជាមួយថេមពីវ៉ា	ပန်းကန်လုံးထဲ့ထမင်းထည့်ထားပြီး အပေါ်ယံတွင် တန်ပုရာကြော်တင်ထားသည့်စားစရာ
Katsudon (rice bowl na may *tonkatsu*)	ข้าวหน้าทงคาสึ	បាយជាមួយសាច់ជ្រូកបំពងម្សៅ	ပန်းကန်လုံးထဲ့ထမင်းထည့်ထားပြီးအပေါ်ယံတွင် ဝက်သားပြားကြော်တင်ထားသည့်စားစရာ
sinangag	ข้าวผัด	បាយឆា	ထမင်းကြော်
nilagang karne	เนื้อย่าง	សាច់អាំង	အသားကင်
set meal	อาหารชุด	បាយឈុត	အတွဲလိုက်ဟင်းလျာ
natto	นัตโตะ(ถั่วเน่า)	ណាត់តុ (សេណ្ណោកេសៀ៉ងផ្លាប់)	နတ်တိုးပဲပုတ်

日本語 【JAPANESE】	中国語 【中国话】	英語 【ENGLISH】	インドネシア語 【BAHASA INDONESIA】	ベトナム語 【Tiếng Việt】
豆腐	豆腐	tofu（bean curd）	tahu	đậu hũ
パン	面包	bread（often used to refer to both bread and pastries）	roti	bánh mì
飲み物	**饮料**	**Drinks and beverages**	**Minuman**	**Thức uống**
水	凉水	water	air	nước
お茶	茶水	Japanese tea, green in color	teh Jepang	trà
紅茶	红茶	tea	teh	trà đen
コーヒー	咖啡	coffee	kopi	cà phê
ミルク（牛乳）	牛奶	milk	susu	sữa（sữa bò）
ジュース	果汁	juice;also refers to all kinds of soft drinks	jus	nước trái cây
コーラ	可乐	cola	coca cola	coca cola
ビール	啤酒	beer	bir	bia
お酒（日本酒）	清酒（日本酒）	sake;also refers to liquors in general	sake	sakê（rượu Nhật）
ウイスキー	威士忌	whiskey	wiski	uýt ki
野菜、果物	**蔬菜、水果**	**Vegetables and fruits**	**sayur-sayuran dan buah-buahan**	**Rau cải, trái cây**
キャベツ	圆白菜／卷心菜	cabbage（s）	kubis	bắp cải
玉ねぎ	洋葱	onion（s）	bawang bombai	củ hành
人参	胡萝卜	carrot（s）	wortel	cà rốt
じゃがいも	土豆	potato（es）	kentang	khoai tây
ねぎ	葱	spring onion（s）, green onion	daun bawang	hành tây
大根	萝卜	Japanese radish	lobak	củ cải trắng
なす	茄子	eggplant	terong	cà tím
きゅうり	黄瓜	cucumber	ketimun	dưa leo, dưa chuột
しょうが	姜	ginger	jahe	gừng
にんにく	大蒜	garlic	bawang putih	tỏi
もやし	豆芽	bean sprout	tauge	giá
トマト	西红柿	tomato（es）	tomat	cà chua
みかん	桔子	mandarin, tangerine	jeruk	quít

フィリピン語 【Filipino】	タイ語 【ภาษาไทย】	カンボジア語 【ភាសាខ្មែរ】	ミャンマー語 【မြန်မာ】
tofu	เต้าหู้	តៅហ៊ូ	တိုဟူး
tinapay	ขนมปัง	នំប៉័ង	ပေါင်မုန့်
Mga inumin	**เครื่องดื่ม**	**ភេសជ្ជៈ**	**သောက်စရာ**
tubig	น้ำ	ទឹក	ရေ
Japanese tea	ชาเขียว	តែ	ရေနွေးကြမ်း
chaa	ชาฝรั่ง	ត្រែកបាម	လက်ဖက်ရည်
kape	กาแฟ	កាហ្វេ	ကော်ဖီ
gatas	นม	ទឹកដោះគោ	နွားနို့
juice	น้ำผลไม้	ទឹកកែផ្លែឈើ	ဖျော်ရည်
cola	โคล่า	កូកាកូឡា	ကိုလာ
beer	เบียร์	ស្រាបៀរ	ဘီယာ
sake	เหล้าสาเก	ស្រា (ស្រាជប៉ុន)	အရက်(ဂျပန်အရက်)
whiskey	วิสกี้	ស្រាវីស្គី	ဝီစကီ
Mga gulay at prutas	**ผักผลไม้**	**បន្លែនិងផ្លែឈើ**	**ဟင်းသီးဟင်းရွက်၊ သစ်သီး**
repolyo	กระหล่ำปลี	ស្ពៃក្ដោប	ဂေါ်ဖီထုတ်
sibuyas	หอมหัวใหญ่	ខ្ទឹមបារាំង	ကြက်သွန်နီ
carrot	แครอท	ការ៉ុត	မုန်လာဥနီ
patatas	มันฝรั่ง	ដំឡូងបារាំង	အာလူး
spring onion	ต้นหอม	ខ្ទឹមដង	ကြက်သွန်မြိတ်
labanos	หัวไชเท้า	ឆៃថាវ	မုန်လာဥဖြူ
talong	มะเขือม่วง	ត្រប់	ခရမ်းသီး
pipino	แตงกวา	ត្រសក់	သခွားသီး
luya	ขิง	ខ្ញី	ဂျင်း
bawang	กระเทียม	ខ្ទឹមស	ကြက်သွန်ဖြူ
toge	ถั่วงอก	សេណ្ណកបណ្ណៈ	ပဲပင်ပေါက်
kamatis	มะเขือเทศ	ប៉េងប៉ោះ	ခရမ်းချဉ်သီး
orange	ส้ม	ក្រូចឃ្វិច	လိမ္မော်သီး

日本語 【JAPANESE】	中国語 【中国话】	英語 【ENGLISH】	インドネシア語 【BAHASA INDONESIA】	ベトナム語 【Tiếng Việt】
りんご	苹果	apple	apel	táo
すいか	西瓜	watermelon	semangka	dưa hấu
メロン	甜瓜	melon（used to refer to almost all kinds of melons）	melon	dưa tây
いちご	草莓	strawberry	arbei	dâu tây
バナナ	香蕉	banana（s）	pisang	chuối
ぶどう	葡萄	grape（s）	anggur	nho
魚、肉等	鱼、肉等	Fish and meats	Daging, ikan dll	**Cá, thịt v.v…**
肉	肉	meat	daging	thịt
牛肉	牛肉	beef	daging sapi	thịt bò
豚肉	猪肉	pork	daging babi	thịt lợn, thịt heo
鶏肉	鸡肉	chicken	daging ayam	thịt gà
玉子（卵）	鸡蛋	egg（s）	telur	trứng gà
ハム	火腿	ham	ham	thịt lợn muối
ソーセージ	香肠	sausage（s）	sosis	xúc xích
魚	鱼	fish	ikan	cá
調味料	调料	Spices and seasonings	Bumbu-bumbu	**Phụ gia**
塩	盐	salt	garam	muối
砂糖	白糖	sugar	gula	đường
醤油	酱油	soy sauce	kecap asin（soi saus）	nước tương
味噌	酱	miso paste, made from soy beans	taoco（miso）	tương đặc miso
油	油	(cooking) oil	minyak	dầu ăn
酢	醋	vinegar	cuka	
ソース	调味汁	a type of sauce used principally for deep-fried foods	saus	nước xốt
台所用品	厨房用具	Kitchenware and utensils	Barang-barang dapur	**Vật dụng nhà bếp**
なべ	锅	pan, pot	panci	nồi
炊飯器	电饭锅	rice cooker	pemasak nasi listrik	nồi nấu cơm
やかん	水壶	kettle	teko	ấm nước

フィリピン語 【Filipino】	タイ語 【ภาษาไทย】	カンボジア語 【ภาสาเขมร】	ミャンマー語 【မြန်မာ】
mansanas	แอปเปิ้ล	ប៉ោម	ပန်းသီး
pakwan	แตงโม	ឪឡឹក	ဖရဲသီး
melon	แตงเมลอน	ត្រសក់ស្រូវ	သခွားမွေးသီး
strawberry	สตรอเบอร์รี่	ស្ត្របឺរី	စတော်ဘယ်ရီ
saging	กล้วยหอม	ចេក	ငှက်ပျောသီး
ubas	องุ่น	ទំពាំងបាយជូ	စပျစ်သီး
Isda at karne	ปลาและเนื้อ	ត្រីសាច់	ငါး၊ အသားဧသည်
karne	เนื้อ	សាច់	အသား
karneng baka	เนื้อวัว	សាច់គោ	အမဲသား
karneng baboy	เนื้อหมู	សាច់ជ្រូក	ဝက်သား
karneng manok	เนื้อไก่	សាច់មាន់	ကြက်သား
itlog	ไข่ไก่	ស៊ុត	ကြက်ဥ
ham	แฮม	សាច់ប៊ាម	ဝက်ပေါင်ခြောက်
sausage	ไส้กรอก	សាច់ក្រក	ဝက်အူချောင်း
isda	ปลา	សាច់ត្រី	ငါး
Mga pampalasa	เครื่องปรุง	គ្រឿងដែទេស	ဟင်းခတ်အမွေးအကြိုင်
asin	เกลือ	អំបិល	ဆား
asukal	น้ำตาล	ស្ករ	သကြား
toyo	โชยุ (ซีอิ๊วญี่ปุ่น)	ទឹកស៊ីអ៊ីវ	ပဲငံပြာရည်
miso	มิโซะ(เต้าเจี้ยวญี่ปุ่น)	មីសុ	မီဆို
mantika	น้ำมัน	ខ្លាញ់ ប្រេង	ဆီ
suka	น้ำส้มสายชู	ទឹកខ្មេះ	ရှာလကာရည်
sawsawan	ซ็อส	ទឹកគ្រឿងលក់	ဆော့စ်
Lutuan at kagamitan sa kusina	เครื่องครัว	សម្ភារៈប្រើបាស់ក្នុងផ្ទះបាយ	မီးဖိုချောင်သုံးပစ္စည်း
kaserola	หม้อ	ឆ្នាំង	ဒယ်အိုး
rice cooker	หม้อหุงข้าว	ឆ្នាំងដាំបាយអគ្គិសនី	ထမင်းပေါင်းအိုး
pakuluan	กาน้ำ	កំសៀវ	ရေနွေးကရား

日本語 【JAPANESE】	中国語 【中国话】	英語 【ENGLISH】	インドネシア語 【BAHASA INDONESIA】	ベトナム語 【Tiếng Việt】
ガスレンジ	煤气灶	gas range;kitchen stove	kompor gas	bếp ga
湯沸かし器	热水器	water heater	pemasak air listrik	máy đun nước nóng
ポット	热水瓶	pot	pot	bình thủy
皿	盘子、碟子	dish, plate	piring	đĩa
茶碗	饭碗	rice bowl	mangkok	chén
コップ	杯子	glass	gelas	cốc
包丁	菜刀	cooking knife	pisau dapur	dao
箸	筷子	chopsticks	sumpit	đũa
フォーク	叉子	fork	garpu	nĩa
スプーン	匙子	spoon	sendok	muỗng
ナイフ	餐刀	table knife	pisau	dao
缶切り	罐头起子	can opener	bukaan kaleng	đồ mở nắp hộp
栓抜き	瓶起子	bottle opener	pembuka botol	đồ khui nắp chai
日用雑貨	日用杂货	Miscellaneous daily necessities	Barang-barang se-harihari	**Đồ dùng hàng ngày**
はみがき	牙膏	toothpaste	pasta gigi	kem đánh răng
歯ブラシ	牙刷	toothbrush	sikat gigi	bàn chải đánh răng
タオル	毛巾	towel	handuk	khăn
石鹸	香皂	soap	sabun	xà phòng
ひげ剃り	剃须刀	razor;shaver	pisau cukur	dao cạo râu
シャンプー	洗发香波	shampoo	pencuci rambut	dầu gội đầu
リンス	护发素、润丝	rinse	pembilas rambut	dầu xả tóc
トイレットペーパー	卫生纸	toilet paper	kertas kamar kecil	giấy vệ sinh
洗剤	洗涤剂	detergent	sabun bubuk	bột giặt
バケツ	水桶	bucket	ember	cái xô, thùng
雑巾	抹布	rag	kain lap (kain pel)	giẻ lau
ちりとり	簸箕	dust pan	pengambil sampah	đồ hốt rác
ほうき	扫帚	broom	sapu	chổi

フィリピン語 【Filipino】	タイ語 【ภาษาไทย】	カンボジア語 【ภาษาเขมร】	ミャンマー語 【မြန်မာ】
gas range	เตาแก๊ส	ច្រង្ការនហ្គាស	ဂတ်စ်မီးဖို
pampainit ng tubig	เครื่องต้มน้ำ	ម៉ាស៊ីនកម្ដៅទឹក	ရေနွေးအိုး
pot	หม้อต้มน้ำ	កំសៀវដាំឬក្បាលទឹកកេក្ដៅ	အိုး
plato	จานชาม	ចាន	ပန်းကန်ပြား
rice bowl	ถ้วยใส่ข้าว	ចានបាយ	ထမင်းပန်းကန်လုံး
baso	แก้วน้ำ	កែវ	ဖန်ခွက်
kutsilyo (para sa pagluluto)	มีดทำครัว	កាំបិតកែធ្វើម្ហូប	ဓါးဖိုချောင်သုံးဓါး
chopstick	ตะเกียบ	ចង្កឹះ	ထမင်းစားတူ
tinidor	ส้อม	សម	ခက်ရင်း
kutsara	ช้อน	ស្លាបព្រា	ဇွန်း
kutsilyo	มีดโต๊ะ	កាំបិតកែប្រើនៅពេលបរិភោគអាហារ	စားပွဲတင်ဓါး
abre-lata	ที่เปิดกระป๋อง	ប្រដាប់ចោះបើកកំប៉ុង	သံဗူးဖောက်တံ
pambukas ng bote	ที่เปิดขวด	ប្រដាប់គាស់គ្រឹមបបេ	ပုလင်းဖောက်တံ
Kagamitan sa pang-araw-araw na pangangailangan	ของใช้ประจำวัน	សម្ភារៈប្រើប្រាស់ប្រចាំថ្ងៃ	နေ့စဉ်သုံးပစ္စည်း
toothpaste	ยาสีฟัน	ថ្នាំដុសធ្មេញ	သွားတိုက်ဆေး
toothbrush	แปรงสีฟัน	ច្រាសដុសធ្មេញ	သွားတိုက်တံ
tuwalya	ผ้าเช็ดตัว	កន្សែង	တဘက်
sabon	สบู่	សាប៊ូដុំ	ဆပ်ပြာ
pang-ahit	มีดโกนหนวด	ប្រដាប់ការពុកមាត់	မုတ်ဆိတ်ရိတ်တံ
shampoo	แชมพู	សាប៊ូកក់សក់	ခေါင်းလျှော်ရည်
conditioner	ยานวดผม	សាប៊ូបន្ទន់សក់	ဆံပင်ပျော့ဆေး
toilet paper	กระดาษชำระ	ក្រដាសបង្គន់	အိမ်သာသုံးစက္ကူ
sabong panlaba	ผงซักฟอก	សាប៊ូ (ម្សៅឬទឹក)	အဝတ်လျှော်ဆပ်ပြာ
timba	ถังน้ำ	ធុង	ရေပုံး
basahan	ผ้าขี้ริ้ว	ក្រណាត់ជូត	အဝတ်စုတ်
dust pan	ที่ตักผง	ប្រដាប់កើបស្រមាម	အမှိုက်ဂေါ်
walis	ไม้กวาด	អំបោស	တံမြက်စည်း

日本語 【JAPANESE】	中国語 【中国话】	英語 【ENGLISH】	インドネシア語 【BAHASA INDONESIA】	ベトナム語 【Tiếng Việt】
ゴミ箱	垃圾箱	wastebasket; trash can	tempat sampah	giỏ rác
モップ	拖把（墩布）	mop	kain pel	giẻ lau sàn
乾電池	干电池	(dry-cell) battery (-ies)	baterai	pin
建物の中	建筑物内	Building-related terms	Dalam rumah	**Trong tòa nhà**
台所	厨房	kitchen	dapur	nhà bếp
玄関	门口	entrance	serambi (pintu depan)	tiền sảnh
風呂場	洗澡间	bathroom (i. e., room with bathtub)	kamar mandi	phòng tắm
湯船	浴缸	bathtub	bak mandi	bồn tắm
シャワー	淋浴	shower	pancuran mandi (dus mandi)	vòi hoa sen
洗面所	盥洗室	(bathroom) sink	tempat cuci tangan	chỗ rửa mặt
水道	自来水	plumbing; faucet	air leding	nước máy
トイレ	厕所	toilet	kamar kecil	nhà vệ sinh, cầu tiêu
窓	窗户	window	jendela	cửa sổ
ドア	门	door	pintu	cửa
カーテン	窗帘	curtain	korden(tirai)	màn cửa
テーブル	餐桌	table	meja	bàn
棚	架子	shelf	rak	kệ, giá
部屋	房间	room	kamar	căn phòng, buồng
流し	洗碗池	kitchen sink	bak cuci piring	chậu rửa chén
スイッチ	开关	switch	tombol	công tắc
廊下	走廊	hallway	koridor (gang)	hành lang
食堂	食堂	dining room	kantin	phòng ăn
教室	教室	classroom	ruang kelas	phòng học
ロビー	前厅	lobby	lobi	hành lang
机	书桌	desk; sometimes used to refer what would ordinarily be called a table in English	meja	bàn viết
椅子	椅子	chair	kursi	ghế
引き出し	抽屉	drawer	laci	ngăn kéo

フィリピン語 【Filipino】	タイ語 【ภาษาไทย】	カンボジア語 【ภาษาเขมร】	ミャンマー語 【မြန်မာ】
basurahan	ถังขยะ	ធុងស្រមាម	အမှိုက်ပုံး
mop	ไม้ถูบ้าน	អំបោសជូត	ကြမ်းတိုက်တံ
battery	ถ่านไฟฉาย	ថ្មពិល	တက်ခဲခြောက်
Sa loob ng gusali	ส่วนประกอบของอาคาร	នៅក្នុងអគារ	အဆောက်အဦအတွင်း
kusina	ห้องครัว	ផ្ទះបាយ	မီးဖိုချောင်
pasukang pinto	ทางเข้าบ้าน	មាត់ទ្វារផ្ទះ	ဝင်ပေါက်
banyo (mayroong bathtub)	ห้องอาบน้ำ	បន្ទប់ទឹក	ရေချိုးခန်း
bathtub	อ่างแช่น้ำ	អាងងូតទឹក	ရေစိမ်ကန်
shower	ฝักบัว	ផ្កាឈូក	ရေပန်း
kubeta	อ่างล้างหน้า	កែន្លងលាងដៃដុម្មុខ	မျက်နှာသစ်ဘေစင်
tubig sa gripo	ก๊อกประปา	ទឹកម៉ាស៊ីន	ရေပိုက်လိုင်း
toilet	ห้องสุขา	បង្គន់	အိမ်သာ
bintana	หน้าต่าง	បង្អួច	ပြတင်းပေါက်
pintuan	ประตู	ទ្វារ	တံခါးပေါက်
kurtina	ผ้าม่าน	វាំងនន	လိုက်ကာ
mesa	โต๊ะ	តុ	စားပွဲခုံ
istante	ชั้นวางของ	ធ្នើរ	စင်
silid	ห้อง	បន្ទប់	အခန်း
lababo	อ่างล้างชาม	អាងលាងដែង	မီးဖိုချောင်ဘေစင်
switch	สวิตช์ไฟฟ้า	កុងតាក់	ခလုတ်
koridor	เฉลียงทางเดิน	ប្រកផ្លូវដើរ	လျှောက်လမ်း
silid kainan	ห้องอาหาร	អាហារដ្ឋាន	စားသောက်ခန်းမ
silid aralan	ห้องเรียน	ថ្នាក់រៀន	စာသင်ခန်း
lobby	ล็อบบี้	សាលរូម	ည်ွခန်းမဆောင်
mesa (para sa opisina at mesang aralan)	โต๊ะ	តុ	စားပွဲ
upuan	เก้าอี้	កៅអី	ကုလားထိုင်
drawer	ลิ้นชัก	ថតតុ	အံဆွဲ

日本語 【JAPANESE】	中国語 【中国话】	英語 【ENGLISH】	インドネシア語 【BAHASA INDONESIA】	ベトナム語 【Tiếng Việt】
元栓	总开关	valve (water or gas)	tutupan pokok	van khóa chính
身の回り品	随身携带的物品	Common everyday goods and personal possessions	Barang bawaan	**Vật dụng riêng**
本	书	book	buku	sách
辞書	字典、辞典	dictionary	kamus	từ điển
手帳	效率手册	address book, appointment book, personal diary	buku catatan	sổ tay
財布	钱包	wallet	dompet	cái ví, bóp
ハンカチ	手绢	handkerchief	sapu tangan	khăn tay
傘	雨伞	umbrella	payung	ô, dù
時計	钟表	clock; (wrist) watch	jam tangan	đồng hồ
めがね	眼镜	eyeglasses	kaca mata	mắt kính
かばん	提包	handbag; shoulder bag; pocketbook; briefcase	tas	cặp
ティッシュ	纸巾	facial tissue (s)	kertas tissiu	giấy lau tay
テレホンカード	电话卡	pre-paid telephone card	kartu telepon	thẻ điện thoại
煙草	香烟	cigarettes; tobacco	rokok	thuốc lá
定期券	月票	commuter's ticket (pass)	karcis langganan	vé tháng
カメラ	照相机	camera	kamera (ototustel)	máy ảnh
鍵	钥匙、锁	key; lock	kunci	chìa khóa
新聞	报纸	newspaper	surat kabar	nhật báo
雑誌	杂志	magazine	majalah	tạp chí
パスポート	护照	passport	paspor	hộ chiếu
在留カード	在留卡	residence card	kartu tanda penduduk	thẻ lưu trú
電気機器	电器	Electrical goods and appliances	Barang-barang listrik	**Hàng điện tử**
電話	电话	telephone	telepon	điện thoại
冷蔵庫	冰箱	refrigerator	lemari es (kulkas)	tủ lạnh
洗濯機	洗衣机	washing machine	mesin cuci	máy giặt

フィリピン語 【Filipino】	タイ語 【ภาษาไทย】	カンボジア語 【ភាសាខ្មែរ】	ミャンマー語 【မြန်မာ】
valve (para sa tubig o gas)	ก็อกควบคุมน้ำประปา/แก๊ส	ប្រដាប់មួលបិទបើក	ဘားခလုတ်
Pang-araw-araw na kagamitan at mga personal na ari-arian	ของใช้ส่วนตัว	សម្ភារៈនៅជុំវិញខ្លួន	တကိုယ်ရည်သုံးပစ္စည်း
aklat	หนังสือ	សៀវភៅ	စာအုပ်
dictionary	พจนานุกรม	វចនានុក្រម	အဘိဓာန်
planner	สมุดบันทึกส่วนตัว	កូនសៀវភៅ	မှတ်စုစာအုပ်
pitaka	กระเป๋าสตางค์	កាបូបប្រាក់	ပိုက်ဆံအိတ်
panyo	ผ้าเช็ดหน้า	កន្សែងដៃ	လက်ကိုင်ပုဝါ
payong	ร่ม	ឆ័ត្រ	ထီး
relo	นาฬิกา	នាឡិកា	နာရီ
salamin	แว่นตา	វ៉ែនតា	မျက်မှန်
bag	กระเป๋าถือ	កាបូប	လွယ်အိတ်
tissue	ทิชชู่	ក្រដាសជូតមាត់	မျက်နှာသုတ်တစ်ရှူး
pre-paid telephone card	บัตรโทรศัพท์	កាតទូរស័ព្ទ	ဖုန်းကြိုတင်ငွေဖြည့်ကတ်
sigarilyo	บุหรี่	បារី	ဆေးလိပ်
commuter's ticket (pass)	ตั๋วโดยสารรายเดือน	សំបុត្រធ្វើដំណើរជាប្រចាំ	လပေးလက်မှတ်
kamera	กล้องถ่ายรูป	ម៉ាស៊ីនថត	ကင်မရာ
susi	กุญแจ	កូនសោ	သော့
pahayagan	หนังสือพิมพ์	កាសែត	သတင်းစာ
magasin	นิตยสาร	ទស្សនាវដ្ដី	မဂ္ဂဇင်း
pasaporte	หนังสือเดินทาง	លិខិតឆ្លងដែន	ပတ်စပို့
residence card	บัตรผู้พำนัก	ប័ណ្ណស្នាក់នៅ	နေထိုင်ခွင့်ကတ်ပြား
Mga kagamitang de-kuryente	เครื่องใช้ไฟฟ้า	ឧបករណ៍អគ្គិសនី	လျှပ်စစ်ပစ္စည်း
telepono	โทรศัพท์	ទូរស័ព្ទ	ဖုန်း
refrigerator	ตู้เย็น	ទូទឹកកក	ရေခဲသေတ္တာ
washing machine	เครื่องซักผ้า	ម៉ាស៊ីនបោកខោអាវ	အဝတ်လျှော်စက်

日本語 【JAPANESE】	中国語 【中国话】	英語 【ENGLISH】	インドネシア語 【BAHASA INDONESIA】	ベトナム語 【Tiếng Việt】
掃除機	吸尘器	vacuum cleaner	alat penghisap debu	máy hút bụi
テレビ	电视	television	televisi	TV
ラジオ	收音机	radio	radio	máy thu thanh
ビデオ	录像机	video deck; video	video	đầu máy video
パソコン（コンピューター）	个人电脑（电子计算机）	personal computer	komputer pribadi	máy vi tính
ストーブ	取暖器	room heater (electric, gas, or kerosene)	alat pemanas ruangan (minyak/listrik/gas)	lò sưởi
扇風機	电风扇	fan	kipas angin	quạt máy
電子レンジ	微波炉	microwave oven	oven	lò vi sóng
CD	激光唱片	CD, compact disc	CD (piringan laser kecil)	CD
ファックス（FAX）	传真机	fax, facsimile, fax machine	faksimili (jiplakan listerik)	FAX
電球	电灯泡	light bulb	bola lampu	bóng đèn
衣類	服装	Clothing	Pakaian	**Quần áo**
シャツ	衬衫	shirt	kaus	áo sơ mi
セーター	毛衣	sweater	baju panas	áo len dài tay
ジャンパー	夹克	jacket	jaket	áo jacket
スーツ（背広）	西装	suit	pakaian setelan (jas)	áo vét
ワイシャツ	男式衬衫	dress shirt	kemeja	áo sơ mi
ネクタイ	领带	necktie	dasi	cà vạt
コート	大衣	coat	mantel	áo khoác
靴下	袜子	socks	kaos kaki	vớ, bít tất
靴	鞋子	shoes	sepatu	giày
帽子	帽子	hat, cap	topi	mũ
手袋	手套	gloves	sarung tangan	găng tay
下着	内衣	underwear	pakaian dalam	quần áo lót
パジャマ	睡衣	pajamas	piyama	quần áo ngủ
服	衣服	clothing	pakaian	quần áo

フィリピン語【Filipino】	タイ語【ภาษาไทย】	カンボジア語【ภาษาเขมร】	ミャンマー語【မြန်မာ】
vacuum cleaner	เครื่องดูดฝุ่น	ម៉ាស៊ីនបូមធូលី	ဖုန်စုတ်စက်
telebisyon	โทรทัศน์	ទូរទស្សន៍	တီဗွီ
radyo	วิทยุ	វិទ្យុ	ရေဒီယို
video	วีดีโอ	វីដេអូ	အောက်စက်
computer	คอมพิวเตอร์ส่วนบุคคล	កុំព្យូទ័រ	ကွန်ပြူတာ
room heater (de-kuryente, gas, o kerosene)	เครื่องทำความอบอุ่น	ចេង្ក្រៀងកម្ដៅបន្ទប់ (ប្រើប្រេងឬអគ្គិសនី)	အခန်းတွင်းအပူပေးစက်
electric fan	พัดลม	កង្ហារ	ပန်ကာ
microwave oven	เตาไมโครเวฟ	ច្រង្ក្រានកម្ដៅមួប	မိုက်ခရိုဝေ့
CD, compact disc	ซีดี	ថាស	စီဒီ
fax machine	แฟกซ์	ទូរលេខ	ဖက်စ်
bumbilya	หลอดไฟฟ้า	អំពូលេភ្លើង	မီးလုံး
Mga kasuotan	เครื่องแต่งกาย	សេម្ល្យៀកបំពាក់	အဝတ်အစား
T-shirt	เสื้อเชิ้ต	អាវសាច្រ៉កណាត់	ရှပ်အကျႌ
sweater	เสื้อสเวตเตอร์	អាវរងា	ဆွယ်တာ
jumper	เสื้อแจ็กเก็ต	អាវក្រៅ	အပေါ်ထပ်အကျႌ
suit	ชุดสูท	អាវធំ	ကုတ်အကျႌနှင့်ထဘိုင်ဘောင်းဘီဝတ်စုံ
polo shirt	เสื้อเชิ้ตแบบทางการ	អាវក្រតង់	ရှပ်လက်ရှည်
necktie	เนคไท	ក្រវ៉ាត់ក	နက်ကတိုင်
coat	เสื้อโค้ต	អាវក្រៅមែង	ကုတ်အကျႌ
medyas	ถุงเท้า	ស្រោមជើង	ခြေအိတ်
sapatos	รองเท้า	ស្បែកជើង	ဖိနပ်
sumbrero	หมวก	មួក	ဦးထုပ်
guwantes	ถุงมือ	ស្រោមៃដ	လက်အိတ်
panloob na kasuotan	ชุดชั้นใน	ខោអាវក្នុង	အတွင်းခံ
pajama	ชุดนอน	សេម្ល្យៀកបំពាក់កេ់តង	ညဝတ်အကျႌ
mga bihisan	เสื้อผ้า	សេម្ល្យៀកបំពាក់	အကျႌ

日本語 【JAPANESE】	中国語 【中国话】	英語 【ENGLISH】	インドネシア語 【BAHASA INDONESIA】	ベトナム語 【Tiếng Việt】
ズボン	裤子	pants, trousers	celana	quần
上着	上衣	suit jacket, jacket	jas	áo vét
洋服	洋装	clothing in general; Western-style clothing	pakaian ala Eropa	âu phục
半袖	短袖	short-sleeved; short-sleeved shirt	kemeja lengan pendek	áo tay ngắn
長袖	长袖	long-sleeved; long-sleeved shirt	kemeja lengan panjang	áo tay dài
スリッパ	拖鞋	slippers	selop	dép đi trong nhà
事務用品	**办公用品**	**Office supplies**	**Alat-alat kantor**	**Dụng cụ văn phòng**
鉛筆	铅笔	pencil	pensil (potlot)	viết chì
ボールペン	圆珠笔	ball-point pen	pena pelor	viết đầu bi
消しゴム	橡皮	eraser	karet penghapus	cục gôm
定規	尺子	ruler	penggaris (mistar)	thước kẻ
はさみ	剪刀	scissors	gunting	cái kéo
糊	浆糊	glue; paste	lem	hồ, keo
セロハンテープ	透明胶带	cellophane tape	selotep	băng dính trong
ホチキス	订书机	stapler	stepler (pengokot)	máy đóng ghim
カッター	工具刀	paper cutter	pemotong (pisau)	dao cắt
ノート	笔记本	notebook	buku tulis (buku catatan)	tập vở
電卓	计算器	calculator	mesin hitung (kalkulator)	máy tính cầm tay
紙	纸	paper	kertas	giấy
書類	文件（资料）	document; papers	dokumen	giấy tờ, hồ sơ
コピー	复印件	photocopy (not used in the sense of a copy of in general)	fotokopi	photocopy
建物、店	**建筑物、商店**	**Different types of buildings and stores**	**Gedung, toko-tokoan**	**Tòa nhà, cửa hàng**
会社	公司	company; office	perusahaan	công ty
工場	工厂	factory; plant	pabrik	nhà máy

フィリピン語 【Filipino】	タイ語 【ภาษาไทย】	カンボジア語 【ភាសាខ្មែរ】	ミャンマー語 【မြန်မာ】
pantalon	กางเกง	ខោ	ဘောင်းဘီ
jacket	เสื้อนอก	អាវក្រៅ	အနွေးထည်
damit	เครื่องแต่งกาย	សេម្លៀកបំពាក់សម័យ	အနောက်တိုင်းဝတ်စုံ
short-sleeved	เสื้อแขนสั้น	ដៃខ្លី	လက်တို
long-sleeved	เสื้อแขนยาว	ពៃដៃវង	လက်ရှည်
tsinelas	รองเท้าแตะ	ស្បែកជើងសិបពាក់ក្នុងផ្ទះ	ကွင်းထိုးဖိနပ်
Mga kagamitan sa opisina	**เครื่องใช้ในสำนักงาน**	**សម្ភារៈការិយាល័យ**	**ရုံးသုံးပစ္စည်း**
lapis	ดินสอ	ខ្មៅដៃ	ခဲတံ
ball pen	ปากกาลูกลื่น	ប៊ិច	ဘောပင်
eraser	ยางลบ	ជ័រលុប	ခဲဖျက်
ruler	ไม้บรรทัด	បន្ទាត់	ပေတံ
gunting	กรรไกร	ក្រ័ន្ត	ကတ်ကြေး
glue	กาว	កាវ	ကော်
selopyen tape	สก๊อตเทป	បង់ស្អិត	ဆယ်လူတိပ်
stapler	ที่เย็บประดาษ	ប្រដាប់កិប	စတေပဲလာ
cutter	มีดตัดกระดาษ	កាំបិតកាត់	စက္ကူဖြတ်စက်
notebook	สมุดโน้ต	សៀវភៅសរសេរ	မှတ်စုစာအုပ်
calculator	เครื่องคิดเลข	ម៉ាស៊ីនគិតលេខ	ဂဏန်းပေါင်းစက်
papel	กระดาษ	ក្រដាស	စက္ကူ
dokumento	เอกสาร	ឯកសារ	စာရွက်စာတမ်း
xerox copy	ก๊อปปี้	ការថតចម្លង	မိတ္တူ
Iba't ibang uri ng gusali at tindahan	**อาคารและร้านค้า**	**អគារនិងហាងផ្សេងៗ**	**အဆောက်အဦ၊ ဆိုင်**
kumpanya	บริษัท	ក្រុមហ៊ុន	ကုမ္ပဏီ
pabrika	โรงงาน	រោងចក្រ	စက်ရုံ

日本語 【JAPANESE】	中国語 【中国话】	英語 【ENGLISH】	インドネシア語 【BAHASA INDONESIA】	ベトナム語 【Tiếng Việt】
交番	派出所	police box	pos polisi	bót cảnh sát
病院	医院	hospital	rumah sakit	bệnh viện
銀行	银行	bank	bank	ngân hàng
消防署	消防署	fire department	jawtan pemadam	trạm cứu hỏa
郵便局	邮局	post office	kantor pos	bưu điện, bưu cục
ビル	大楼	building	gedung	nhà cao tầng, bin đinh
アパート	公寓	apartment; apartment house	apartemen	căn hộ, nhà chung cư
家（家）	家、房子	house; home	rumah	nhà
学校	学校	school	sekolah	trường học
駅	车站	station	setasiun	nhà ga
映画館	电影院	movie theater	gedung bioskop	rạp chiếu phim, rạp xi nê
ホテル	宾馆	hotel	hotel	khách sạn
市役所	市政府	municipal office	balai kota	tòa hành chính thị xã
事務所	事务所、办公室	office	kantor	văn phòng
寮	宿舍	dormitory	asrama	ký túc xá, cư xá
倉庫	仓库	warehouse	gudang	kho hàng, vựa
デパート	百货商店	department store	toko serba ada (departemen)	cửa hàng bách hóa tổng hợp
スーパー	超级市场	supermarket	swalayan	siêu thị
コンビニ	便利商店	convenience store	toko berfaedah	cửa hàng tiện lợi
本屋	书店	book store	toko buku	hiệu sách
薬局	药铺（药房）	pharmacy; drugstore	apotik	hiệu thuốc
電器屋	电器商店	kind of store handling electrical appliances and other kinds of electrical goods	toko alat-alat listrik	cửa hàng điện tử
喫茶店	咖啡馆	coffee shop	warung kopi	quán cà phê
レストラン	餐厅	restaurant	rumah makan (restoran)	nhà hàng
床屋	理发店	barber shop	toko pemangkas rambut	tiệm hớt tóc

フィリピン語 【Filipino】	タイ語 【ภาษาไทย】	カンボジア語 【ภาษาខ្មែរ】	ミャンマー語 【မြန်မာ】
istasyon ng pulis	ป้อมตำรวจ	ប៉ុស្តិ៍ប៉ូលិស	ရဲကင်း
ospital	โรงพยาบาล	មន្ទីរពេទ្យ	ဆေးရုံ
banko	ธนาคาร	ធនាគារ	ဘဏ်
fire department	สถานีดับเพลิง	ស្ថានីយពន្លត់អគ្គិភ័យ	မီးသတ်ဌာန
post office	ที่ทำการไปรษณีย์	ប៉ុស្តិ៍ប្រៃសណីយ៍	စာတိုက်
building	อาคาร	អគារ	အဆောက်အဦ
apartment	อาคารอพาร์ทเม้นท์	ផ្ទះជួល	တိုက်ခန်း
bahay	บ้าน	ផ្ទះ	အိမ်
paaralan	โรงเรียน	សាលារៀន	ကျောင်း
istasyon	สถานีรถไฟ	ស្ថានីយរថភ្លើង	ဘူတာရုံ
sinehan	โรงหนัง	រោងកុន	ရုပ်ရှင်ရုံ
hotel	โรงแรม	សណ្ឋាគារ	ဟိုတယ်
city hall	ที่ทำการเมือง	សាលាក្រុង	မြို့နီဝပယ်ရုံး
opisina	สำนักงาน	ការិយាល័យ	ရုံးခန်း
dormitoryo	หอพัก	អន្តេវាសិកដ្ឋាន	အဆောင်
bodega	คลังสินค้า	ឃ្លាំង	ဂိုဒေါင်
department store	ห้างสรรพสินค้า	អគារប្រមូលផ្តុំហាងទំនិញ	ကုန်တိုက်
supermarket	ซุเปอร์มาร์เก็ต	ផ្សារទំនើប	စူပါမားကတ်
convenience store	ร้านสะดวกซื้อ	ហាងទំនិញតូចបើក24ម៉ោង	နှစ်ဆယ့်လေးနာရီဝတ်းဆိုင်
book store	ร้านหนังสือ	បណ្ណាគារ	စာအုပ်ဆိုင်
botika	ร้านขายยา	ឱសថស្ថាន	ဆေးဆိုင်
Electrical at electronics supply	ร้านเครื่องใช้ไฟฟ้า	ហាងលក់ឧបករណ៍អគ្គិសនី	လျှပ်စစ်ပစ္စည်းဆိုင်
coffee shop	ร้านกาแฟ	ហាងកាហ្វេ	လက်ဖက်ရည်ဆိုင်
restaurant	ร้านอาหาร	ភោជនីយដ្ឋាន	စားသောက်ဆိုင်
barber shop	ร้านตัดผม	ហាងកាត់សក់	ဆံပင်ညှပ်ဆိုင်

日本語 【JAPANESE】	中国語 【中国话】	英語 【ENGLISH】	インドネシア語 【BAHASA INDONESIA】	ベトナム語 【Tiếng Việt】
美容院（美容室）	美容院（美容室）	beauty parlor	salon kecantikan (wisma kecantikan)	thẩm mỹ viện
街頭にある物	街头设施	Things on the street	Benda-benda di jalanan	Đồ vật ngoài đường
ポスト	邮箱、信箱	mailbox	kotak pos	hộp thư
公衆電話（電話ボックス）	公用电话（电话亭）	public telephone (or public telephone booth)	telepon umum (tempat telepon umum)	điện thoại công cộng (hộp điện thoại)
自動販売機	自动售货器	auto-vender	alat penjual otomatis	máy bán hàng tự động
信号機	信号灯、红绿灯	traffic light	tanda setopan jalan	tín hiệu giao thông
歩道橋	人行天桥	overbridge (viaduct)	jembatan penyeberangan	cầu vượt
横断歩道	人行横道	crosswalk	tempat menyeberang jalan	lối qua đường cho người đi bộ
橋	桥	bridge	jembatan	cầu
踏切	铁路道口	train or railroad crossing	tempat menyeberang rel	chỗ băng qua đường sắt
バス停	公共汽车站	bus stop	perhentian bis	trạm xe buýt
乗り物	交通工具	Vehicles and transportation	Kendaraan	Xe cộ
自転車	自行车	bicycle	sepeda	xe đạp
オートバイ	摩托车	motorcycle	sepeda motor	xe máy
バス	公共汽车	bus	bis	xe buýt
タクシー	出租车	taxi	taksi	xe taxi
電車	电车	train	kereta listerik	xe điện
新幹線	新干线	bullet train, shinkansen (high-speed train)	kereta listerik ekspres	tàu cao tốc Shinkansen
飛行機	飞机	airplane	pesawat terbang	máy bay
消防車	消防车	fire truck	mobil pemadam kebakaran	xe cứu hỏa
パトカー	警车	patrol car	mobil patroli	xe cảnh sát
救急車	救护车	ambulance	ambulans	xe cấp cứu
トラック	卡车	truck	truk	xe tải
地下鉄	地铁	subway	trem di bawah tanah	xe điện ngầm

フィリピン語 【Filipino】	タイ語 【ภาษาไทย】	カンボジア語 【ภาษาเขมร】	ミャンマー語 【မြန်မာ】
beauty parlor	ร้านเสริมสวย	ហាងជាត់មុខឧ្សើសក់	အလှပြင်ဆိုင်
Kagamitan na mayroon sa kalsada	สิ่งของตามท้องถนน	វត្ថុនៅតាមដងផ្លូវ	လမ်းပေါ်ရှိအရာများ
mailbox	ตู้ไปรษณีย์	ទូប្រសណីយ៍	စာတိုက်ပုံး
public telephone, telepono	โทรศัพท์สาธารณะ	ទូរស័ព្ទសាធារណៈ	အများသုံးဖုန်း(တယ်လီဖုန်းရုံ)
vending machine	ตู้ขายสินค้าอัตโนมัติ	ម៉ាស៊ីនលក់ស៊ុយប្រត្តិ	အလိုအလျောက်ဈေးရောင်းစက်
traffic light	ไฟสัญญาณจราจร	ភ្លើងចរាចរណ៍	မီးပွိုင့်
overpass	สะพานข้ามถนน	ស្ពានជេរឆ្លង	လျှောက်လမ်းတံတား
tawiran	ทางม้าลาย	តំនូសស្រមាប់ធ្វើដំេដើរឆ្លងផ្លូវ	လူကူးမျဉ်းကြား
tulay	สะพาน	ស្ពាន	တံတား
railroad crossing	ทางข้ามทางรถไฟ	ផ្លូវកាត់ទទឹងស្រមាប់ចេញភ្លើងឆ្លងកាត់	မီးရထားသံလမ်းဆုံ
bus stop	ป้ายจอดรถบัส	ចំណតរថយន្តក្រុង	ဘတ်စ်ကားမှတ်တိုင်
Sasakyan at transportasyon	พาหนะ	យានជំនិះ	စီးစရာယာဉ်
bisikleta	รถจักรยาน	កង់	စက်ဘီး
motorsiklo	รถจักรยานยนต์	ម៉ូតូ	မော်တော်ဆိုင်ကယ်
bus	รถบัส	រថយន្តក្រុង	ဘတ်စ်
taxi	รถแท็กซี่	រថយន្តតាក់ស៊ី	တက္ကစီ
train	รถไฟ	រថភ្លើង	ရထား
bullet train, shinkansen	รถไฟชินคันเซ็น	ស៊ីងការ៉ែន់សន(រថភ្លើងដែលលៀននេលៀន)	ကျည်ဆန်ရထား
eroplano	เครื่องบิน	យន្តហោះ	လေယာဉ်
fire truck	รถดับเพลิง	រថយន្តពន្លត់អគ្គិភ័យ	မီးသတ်ကား
patrol car	รถตำรวจ	រថយន្តល្បាត	လှည့်ကင်းကား
ambulansya	รถพยาบาล	រថយន្តសង្ឃោះបន្ទាន់	အရေးပေါ်ကား
truck	รถบรรทุก	រថយន្តដឹកទំនិញ	ကုန်တင်ကား
subway	รถใต้ดิน	រថភ្លើងដែក្រាមដី	မြေအောက်ရထား

日本語 【JAPANESE】	中国語 【中国话】	英語 【ENGLISH】	インドネシア語 【BAHASA INDONESIA】	ベトナム語 【Tiếng Việt】
車	小汽车	car	mobil	xe hơi
自然	**自然**	**Nature**	**Alam**	**Thiên nhiên**
海	海	the ocean, the sea	laut	biển
山	山	mountain	gunung	núi
川	河	river	sungai	sông
花	花	flower	bunga	hoa
木	树	tree	pohon	cây
晴れ	晴	clear weather	cerah	trời nắng
くもり	阴	cloudy weather	berawan	trời mây
雨	雨	rain	hujan	mưa
雪	雪	snow	salju	tuyết
台風	台风	typhoon	badai (topan)	bão
雷	雷	thunder	guntur	sấm
地震	地震	earthquake	gempa bumi	động đất
火事	火灾	fire (as in a fire has broken out)	kebakaran	hỏa hoạn
空気	空气	air	udara	không khí
天気予報	天气预报	weather forecast	ramalan cuaca	dự báo thời tiết
天気	天气	weather	cuaca	thời tiết
気候	气候	climate	iklim	khí hậu
景色	景色	view	pemandangan	phong cảnh
富士山	富士山	Mt. Fuji	Gunung Fuji	núi Phú sĩ
銀行	**银行**	**Banking**	**Bank**	**Ngân hàng**
通帳	存折	bankbook	buku rekening bank	sổ tiết kiệm
印鑑（はんこ）	图章	stamp, seal	cap	ấn tín (con dấu)
キャッシュカード	提款卡	cash card, bank card	kartu kas	thẻ rút tiền
両替	货币兑换	change; exchange	pertukaran uang	đổi tiền
貯金	存款	savings	deposito, tabungan	tiền tiết kiệm gửi ngân hàng
日本円	日元	yen	yen	tiền yên Nhật Bản

フィリピン語 【Filipino】	タイ語 【ภาษาไทย】	カンボジア語 【ភាសាខ្មែរ】	ミャンマー語 【မြန်မာ】
kotse	รถยนต์	រថយន្ត	မော်တော်ကား
Kalikasan	ธรรมชาติ	ធម្មជាតិ	သဘာဝတရား
karagatan, dagat	ทะเล	សមុទ្រ	ပင်လယ်
bundok	ภูเขา	ភ្នំ	တောင်
ilog	แม่น้ำ	ទេន្លេ	မြစ်
bulaklak	ดอกไม้	ផ្កា	ပန်း
puno	ต้นไม้	ដើមឈើ	သစ်ပင်
maaraw	อากาศแจ่มใส	មេឃស្រឡះ	ကြည်လင်သာယာ
maulap na kalangitan	อากาศขมุกขมัว	មេឃស្រទុំ	တိမ်ထူ
ulan	ฝน	ភ្លៀង	မိုးရွာ
snow	หิมะ	ព្រិល	နှင်း
bagyo	ได้ฝุ่น	ព្យុះទីហ្វុង	တိုင်ဖုန်းမုန်တိုင်း
kidlat	ฟ้าร้องฟ้าฝ่า	ផ្គរ	မိုးကြိုး
lindol	แผ่นดินไหว	រញ្ជួយដី	လျှင်
sunog	ไฟไหม้	អគ្គិភ័យ	မီးလောင်မှု
hangin	อากาศ	ខ្យល់អាកាស	လေထု
lagay ng panahon	พยากรณ์อากาศ	ព្យាករណ៍អាកាសធាតុ	မိုးလေဝသသတင်းကြေညာချက်
panahon	สภาพอากาศ	អាកាសធាតុ	မိုးလေဝသအခြေအနေ
klima	ภูมิอากาศ	អាកាសធាតុ	ရာသီဥတု
tanaw	ทัศนียภาพ	ទេសភាព	ရှုခင်း
Mt. Fuji	ภูเขาไฟฟูจิ	ភ្នំហ្វូជី	ဖူဂျီတောင်
Banko	ธนาคาร	ធនាគារ	ဘဏ်
bankbook	สมุดบัญชีธนาคาร	សៀវភៅធនាគារ	ဘဏ်စာအုပ်
stamp, seal	ตราประทับชื่อ	ត្រា	တံဆိပ်တုံး
cash card, ATM card	บัตรเบิกเงินสด	កាតេអេធីអឹម	ဘဏ်ကတ်
palitan	แลกเงิน	ការប្តូរប្រាក់	ငွေလဲခြင်း
savings	เงินฝาก	ការសន្សំប្រាក់	စုငွေ
yen	เงินเยนญี่ปุ่น	យេន	ဂျပန်ယန်း

日本語 【JAPANESE】	中国語 【中国话】	英語 【ENGLISH】	インドネシア語 【BAHASA INDONESIA】	ベトナム語 【Tiếng Việt】
ドル	美金（美元）	dollar	dolar	đô la
暗証番号	密码	personal identification number	nomor rahasia	số mật khẩu
銀行振込	汇入银行账户	bank transfer	pembayaran melalui bank	chuyển khoản ngân hàng
現金	现金	cash	kas (uang tunai)	tiền mặt
現金自動支払機	自动取款机	cash payment machine	mesin pembayaran otomatis	máy rút tiền tự động
お預け入れ	现金存款	deposit	deposito	gửi tiền vào tài khoản
お振り込み	转账	money transfer	pembayaran melalui bank	chuyển tiền vào tài khoản khác
お引き出し	提取现金	withdrawal	penarikan uang	rút tiền ra tài khoản
口座	账户	(bank) account	giro	tài khoản
郵便	邮政	Words used at the post office	Pos	**Bưu điện**
切手	邮票	stamp	perangko	tem
はがき	明信片	postcard	kartu pos (poskar)	bưu thiếp
絵はがき	美术明信片	picture postcard	poskar bergambar	bưu thiếp ảnh
封筒	信封	envelope	amplop	bao thư
便せん	信笺	stationery	kertas surat	giấy viết thư
小包	包裹	package, parcel	paket pos	bưu kiện nhỏ
手紙	信	letter	surat	thư
航空便（エアメール）	航空邮件	air mail	pos udara	thư máy bay
船便	海运邮件	surface mail	pos laut	thư tàu thủy
為替	汇兑	exchange	wesel	ngoại hối
電報	电报	telegram	kawat (telegram)	điện báo, điện tín
標識、表示	标记、显示	Signs and markings	Tanda	**Biển báo, bảng biểu thị**
出口	出口	EXIT	pintu keluar	CỬA RA
入口	入口	ENTRANCE	pintu masuk	CỬA VÀO

フィリピン語 【Filipino】	タイ語 【ภาษาไทย】	カンボジア語 【ภาษาเขมร】	ミャンマー語 【မြန်မာ】
dolyar	เงินดอลลาร์สหรัฐ	ដុល្លារ	ဒေါ်လာ
personal identification number	หมายเลขรหัสธนาคาร	លេខសម្គាល់	လူကြီးဒုက်နံပါတ်
bank transfer	โอนเงินผ่านธนาคาร	ការបញ្ជូនប្រាក់តាមគណនីធនាគារ	ဘဏ်မှငွေလွှဲခြင်း
cash	เงินสด	ប្រាក់សុទ្ធ	ငွေသား
cash payment machine	เครื่องชำระเงินสดอัตโนมัติ	ម៉ាស៊ីនបង់ប្រាក់សុទ្ធស្វ័យប្រវត្តិ (ទូអេធីអឹម)	အောတီအမ်စက်
deposit	ฝากเงิน	ការដាក់ប្រាក់	အပ်ငွေ
money transfer	โอนเงิน	ការបញ្ជូនប្រាក់	လွှဲငွေ
withdrawal	ถอนเงิน	ការដកប្រាក់	ထုတ်ငွေ
account	บัญชีธนาคาร	គណនីធនាគារ	ဘဏ်အကောင့်
post office	ที่ทำการไปรษณีย์	ប្រៃសណីយ៍	စာတိုက်
stamp	แสตมป์	តែម	တံဆိပ်ခေါင်း
postcard	ไปรษณียบัตร	ប្រៃសណីយប្រត	ပို့စကတ်
picture postcard	โปสการ์ด	ប្រៃសណីយប្រតមានរូបភាព	ရုပ်ပုံပါပို့စကတ်
envelope	ซองจดหมาย	ស្រោមសំបុត្រ	စာအိတ်
stationery	กระดาษเขียนจดหมาย	ក្រដាសលោតស្រមាប់សនសរសំបុត្រ	စာရေးကိရိယာ
package, parcel	พัสดุไปรษณีย์	កញ្ចប់	ပါဆယ်ထုပ်
sulat	จดหมาย	សំបុត្រ	ပေးစာ
air mail	ไปรษณีย์อากาศ	បញ្ជើតាមផ្លូវអាកាស	လေယာဉ်ဖြင့်ချောစာပေးပို့ခြင်း
surface mail	ไปรษณีย์ส่งทางเรือ	បញ្ជើតាមផ្លូវទឹក	သင်္ဘောဖြင့်ချောစာပေးပို့ခြင်း
exchange	แลกเปลี่ยนเงินตราต่างประเทศ	ការប្ដូរប្រាក់	ငွေလွှလက်မှတ်
telegrama	โทรเลข	សារអេឡិចត្រូនិច	ကြေးနန်း
Mga signs at markings	ป้ายและเครื่องหมาย	សញ្ញានិងតំណុសបង្ហាញផ្សេងៗ	သင်္ကေတနှင့်ဖော်ပြချက်များ
LABASAN	ทางออก	ច្រកចេញ	ထွက်ပေါက်
PASUKAN	ทางเข้า	ច្រកចូល	ဝင်ပေါက်

日本語 【JAPANESE】	中国語 【中国话】	英語 【ENGLISH】	インドネシア語 【BAHASA INDONESIA】	ベトナム語 【Tiếng Việt】
トイレ（お手洗い、洗面所）	厕所（洗手间、盥洗室）	LAVATORY, TOILET (WASHROOM, BATHROOM)	kamar kecil (WC)	CẦU TIÊU (NHÀ VỆ SINH, CHỖ RỬA MẶT)
使用中	正在使用	OCCUPIED	tinggal dalam	ĐANG SỬ DỤNG
故障	故障	OUT OF ORDER	rusak	KHÔNG SỬ DỤNG ĐƯỢC
非常口	太平门（紧急出口）	EMERGENCY EXIT	pintu darurat	LỐI THOÁT HIỂM
受付	接待处	RECEPTION	penerima tamu	QUẦY TIẾP TÂN
禁煙	禁止吸烟	NO SMOKING	larangan merokok	CẤM HÚT THUỐC
火気厳禁	严禁烟火	NO OPEN FLAMES	mudah terbakar (dilarang keras)	CẤM LỬA
消火器	灭火器	FIRE EXTINGUISHER	alat pemadam api	BÌNH CHỮA CHÁY
さわるな	严禁触摸	DO NOT TOUCH	jangan pegang	ĐỪNG CHẠM VÀO
注意	注意	WARNING	hati-hati	CHÚ Ý
危険	危险	DANGER	berbahaya (bahaya)	NGUY HIỂM
危ない	危险	CAUTION	awas	NGUY HIỂM
立入禁止	禁止入内	NO ADMITTANCE; NO ENTRY; NO TRESPASSING	dilarang masuk	CẤM VÀO
高電圧	高压	HIGH VOLTAGE	voltasi tinggi	ĐIỆN ÁP CAO
横断禁止	禁止横穿	NO CROSSING	dilarang menyeberang	CẤM BĂNG NGANG
土足厳禁	严禁穿鞋入内	REMOVE SHOES HERE (literally means 'no shoes')	tolong dibuka sepatu	CẤM MANG GIÀY DÉP VÀO
作業中	正在作业	WORK IN PROGRESS; UNDER CONSTRUCTION	sedang dikerjakan	ĐANG THI CÔNG
整理整頓	整理整顿	KEEP CLEAN (lliterally means 'organized and neat')	jagalah kerapian	SẠCH SẼ, NGĂN NẤP
火災報知器	火灾警报器	FIRE ALARM	alarem tanda bahaya kebakaran	MÁY BÁO CHÁY
消火栓	消火栓	FIRE HYDRANT	keran kebakaran	TRỤ NƯỚC CHỮA CHÁY

フィリピン語 【Filipino】	タイ語 【ภาษาไทย】	カンボジア語 【ภาสาเขมร】	ミャンマー語 【မြန်မာ】
TOILET, BANYO	ห้องสุขา (ห้องน้ำ)	បង្គន់ (បន្ទប់ទឹក កែន្លែងលាងដៃដប្បមុខ)	အိမ်သာ(သန့်စင်ခန်း)
OCCUPIED	ห้องไม่ว่าง	កំពុងដែប្រើបាស់	အသုံးပြုဆဲ
OUT OF ORDER	ชำรุด	ខូចដៃណើរការ	ပျက်စီးခြင်း
EMERGENCY EXIT	ทางออกฉุกเฉิน	ច្រកអាសន្ន	အရေးပေါ်ထွက်ပေါက်
RECEPTION	แผนกต้อนรับ	តុទទួលញ្ញៀរ	ကောင်တာ
NO SMOKING	ห้ามสูบบุหรี่	ហាមជក់បារី	ဆေးလိပ်မသောက်ရ
NO OPEN FLAMES	ห้ามจุดไฟ	ហាមេប្រើភ្លើង	မီးတောက်မသုံးရ
FIRE EXTINGUISHER	อุปกรณ์ดับเพลิง	ឧបករណ៍ពន្លត់អគ្គិភ័យ	မီးသတ်ဆေးဘူး
DO NOT TOUCH	ห้ามจับ	ហាមប៉ះពាល់	မဆုပ်ရ
BABALA	คำเตือน	ប្រយ័ត្ន	သတိပေးချက်
DELIKADO	อันตราย	គ្រោះថ្នាក់	အန္တရာယ်ရှိသည်
CAUTION	ระวังอันตราย	គ្រោះថ្នាក់	အန္တရာယ်များသော
NO ADMITTANCE; NO ENTRY; NO TRESPASSING (Bawal pumasok)	ห้ามเข้า	ហាមចូល	မဝင်ရ
HIGH VOLTAGE	ไฟฟ้าแรงสูง	តង់ស្យុងខ្ពស់	ဗို့အားမြင့်
NO CROSSING (Bawal tumawig)	ห้ามข้าม	ហាមឆ្លងកាត់	ဖြတ်သန်းသွားလာခြင်းမပြုရ
NO OUTDOOR SHOES (Bawal ang sapatos)	ห้ามใส่รองเท้าเข้ามา	ហាមពាក់ស្បែកជើង	ဖိနပ်မစီးရ
WORK IN PROGRESS; UNDER CONSTRUCTION	กำลังปฏิบัติงาน, กำลังก่อสร้าง	កំពុងដៃណើរការ	လုပ်ငန်းဆောင်ရွက်နေဆဲ
PANATILIHING MALINIS	รักษาความเป็นระเบียบเรียบร้อย	រៀបរយមានសណ្តាប់ធ្នាប់	သန့်ရှင်းသပ်ရပ်စွာစီစဉ်တကျထားရှိခြင်း
FIRE ALARM	เครื่องส่งสัญญาณเตือนภัย	ឧបករណ៍ប្រាប់សញ្ញាអគ្គិភ័យ	မီးအချက်ပေးဩ
FIRE HYDRANT	ก๊อกน้ำดับเพลิง	ឧបករណ៍បេញ្ញទឹកពន្លត់អគ្គិភ័យ	မီးသတ်ရေငုတ်

日本語 【JAPANESE】	中国語 【中国话】	英語 【ENGLISH】	インドネシア語 【BAHASA INDONESIA】	ベトナム語 【Tiếng Việt】
スポーツ、趣味	体育运动、兴趣爱好	Sports and hobbies	Olahraga, Kegemaran	Thể thao, sở thích riêng
野球	棒球	baseball	baseball	bóng chày
サッカー	足球	soccer	sepak bola	bóng đá
ピンポン（卓球）	乒乓球	ping-pong	pingpong (tenis meja)	ping pong (bóng bàn)
相撲	相扑	sumo wrestling	gulat	sumo
バドミントン	羽毛球	badminton	badminton	cầu lông
バレーボール	排球	volleyball	volleyball	bóng chuyền
ピアノ	钢琴	piano	piano	dương cầm
ギター	吉他	guitar	gitar	đàn ghi ta
カラオケ	卡拉 OK	karaoke	karaoke	karaoke
釣り	钓鱼	fishing	memancing ikan	câu cá
旅行	旅游	trip, travel	perjalanan (bepergian)	du lịch
ダンス	跳舞	dancing	dansa (tari)	khiêu vũ, nhảy múa
映画	电影	movie	film	chiếu bóng, xi nê
歌	歌曲	song	nyanyian (lagu)	bài hát, hát xướng
綱引き	拔河	tug-of-war	pertandingan menarik tali	kéo co
音楽	音乐	music	musik	âm nhạc
キャンプ	野营	camping	perkemahan	cắm trại
スキー	滑雪	skiing	ski	trượt tuyết
柔道	柔道	judo	judo	nhu đạo
剣道	剑道	kendo	olahraga anggar ala Jepang	kiếm đạo
方向	方向	Directional terms	Arah	Phương hướng
上	上面	up	atas	trên
下	下面	down	bawah	dưới
右	右边	right	kanan	phải
左	左边	left	kiri	trái
前	前面	front	depan	trước

フィリピン語【Filipino】	タイ語【ภาษาไทย】	カンボジア語【ភាសាខ្មែរ】	ミャンマー語【မြန်မာ】
Sports, libangan	**กีฬาและงานอดิเรก**	**កីឡានិងចំណង់ចំណូលចិត្ត**	**အားကစား၊ ဝါသနာ**
baseball	เบสบอล	កីឡាបេស្បល	ဘေ့စ်ဘော
soccer	ฟุตบอล	កីឡាបាល់ទាត់	ဘောလုံး
ping-pong	ปิงปอง	កីឡាវាយកូនបាល់លើតុ	ပင်ပေါင်
sumo wrestling	ซูโม่	កីឡាស៊ូម៉ូ	ဆူမို
badminton	แบดมินตัน	កីឡាវាយសី	ကြက်တောင်ရိုက်
volleyball	วอลเลย์บอล	កីឡាបាល់ទះ	ဘော်လီဘော
piano	เปียโน	ព្យាណូ	စန္ဒယား
gitara	กีตาร์	ហ្គីតា	ဂီတာ
karaoke	คาราโอเกะ	ខារ៉ាអូខេ	ကာရာအိုကေ
fishing	ตกปลา	ការស្ទូចត្រី	ငါးမျှားခြင်း
paglalakbay	การเดินทาง	ការធ្វើដំណើរកំសាន្ត	ခရီးသွားခြင်း
sayaw	เต้นรำ	របាំ	အက
sine	ภาพยนตร์	ភាពយន្ត	ရုပ်ရှင်
kanta	เพลง	ចម្រៀង	သီချင်း
tug-of-war	ชักคะเย่อ	ទាញព្រ័ត	လွန်ဆွဲခြင်း
musika	ดนตรี	តន្ត្រី	တေးဂီတ
camping	ตั้งแคมป์	ការបោះតង់	အပျော်စခန်းချခြင်း
ski	สกี	កីឡាជិះស្គី	နှင်းလျှောစီး
judo	ยูโด	គុនយូដូ	ဂျူဒို
kendo	เคนโด	គុនដំបង	ကန်ဒို
Direksyon	**ทิศทาง**	**ទិស**	**ဦးတည်ချက်**
taas	บน	ខាងលើ	အပေါ်
baba	ล่าง	ខាងក្រោម	အောက်
kanan	ขวา	ខាងស្តាំ	ညာဘက်
kaliwa	ซ้าย	ខាងឆ្វេង	ဘယ်ဘက်
unahan	ด้านหน้า	ខាងមុខ	ရှေ့

日本語 【JAPANESE】	中国語 【中国话】	英語 【ENGLISH】	インドネシア語 【BAHASA INDONESIA】	ベトナム語 【Tiếng Việt】
後ろ	后面	back, rear	belakang	sau
中	里面	inside	dalam	giữa
外	外面	outside	luar	ngoài
隣	旁边（隔壁）	next to	sebelah	bên cạnh
横	旁边（側面）	beside	samping	ngang
側（近く）	旁边（附近）	at the side of (i.e., near)	dekat	kế bên (gần)
人間関係	称呼	Terms of kinship and friendship professional titles	Hubungan nanusia	**Quan hệ giữa người với người**
私	我	I	saya (aku)	tôi
妻	妻子（爱人）	(my) wife	isteri	vợ tôi
奥さん	夫人（爱人）	(your or his) wife	nyonya (ibu)	bà nhà
夫	丈夫（爱人）	(my) husband	suami	chồng
両親	双亲	parents	kedua orang tua	cha mẹ
父（お父さん）	爸爸（父亲）	father (papa) chichi used to refer to one's own father in modest expression; otoosan is used either to address one's own father or to refer to someone else's father	ayah (bapak)	cha
母（お母さん）	妈妈（母亲）	mother (mama) haha used to refer to one's own mother in modest expression; okaasan is used either to address one's own mother or to refer to someone else,s mother	ibu	mẹ
兄弟	兄弟（姐妹）	brothers and sisters, siblings	saudara	anh chị em
兄（お兄さん）	各个	elder brother; oniisan is used to either to address one's own elder brother or to refer to someone else's elder brother	kakak laki-laki (abang)	anh
弟	弟弟	younger brother	adik laki-laki	em trai

フィリピン語 【Filipino】	タイ語 【ภาษาไทย】	カンボジア語 【ភាសាខ្មែរ】	ミャンマー語 【မြန်မာ】
likod	ด้านหลัง	ខាងក្រោយ	နောက်
loob	ข้างใน	ខាងក្នុង	အတွင်း
labas	ข้างนอก	ខាងក្រៅ	အပြင်
sunod sa	อยู่ถัดไป	នៅជាប់	အနီးအနား
katabi	ด้านข้าง	នៅក្បែរ	ဘေးဘက်
sa gilid ng (malapit sa)	อยู่ข้าง	នៅជិត	ဘေးကပ်လျက်(ဘေးနား)
Relasyon sa tao	มนุษยสัมพันธ์	ទំនាក់ទំនងមនុស្ស	လူအချင်းချင်းကြားပတ်သက်တော်စပ်ပုံ
Ako	ฉัน	ខ្ញុំ	ကျွန်တော်/မ
asawa (babaeng asawa)	ภรรยา	ប្រពន្ធ (របស់ខ្ញុំ)	ဇနီး(မိမိ)
asawa (ang iyong o kanyang babaeng asawa)	ภรรยาของคุณ	ប្រពន្ធ (របស់អ្នកឬគាត់)	ဇနီး(သူတစ်ပါး)
asawa (lalaking asawa)	สามี	ប្ដី (របស់ខ្ញុំ)	ခင်ပွန်း(မိမိ)
magulang	พ่อแม่	ឪពុកម្ដាយ	မိဘနှစ်ပါး
ama (lalaking magulang)	บิดา (พ่อ)	ឪពុក (ប្រើស្រមាប់ហៅ:ពុក)	အဖေ
ina (babaeng magulang)	มารดา (แม่)	ម្ដាយ (ប្រើស្រមាប់ហៅ:ម៉ែ)	အမေ
mga kapatid	พี่น้อง	បងប្អូន	မောင်နှမ
kuya; nakakatandang kapatid na lalaki	พี่ชาย	បងប្រុស (ប្រើស្រមាប់ហៅ:បងប្រុស)	အစ်ကို
nakababatang kapatid na lalaki	น้องชาย	ប្អូនប្រុស	ညီ/မောင်

日本語 【JAPANESE】	中国語 【中国话】	英語 【ENGLISH】	インドネシア語 【BAHASA INDONESIA】	ベトナム語 【Tiếng Việt】
姉（お姉さん）	姐姐	elder sister; oneisan is used to either to address one's own elder sister or to refer to someone else's elder sister	kakak perempuan	chị
妹	妹妹	younger sister	adik perempuan	em gái
子供	孩子	child	anak	con
大人	大人	adult	dewasa	người lớn
男	男人（男性）	man	laki-laki (pria)	nam
女	女人（女性）	woman	perempuan (wanita)	nữ
皆さん（みんな）	各位（大家）	everyone, also used as a form of address	semua orang (seluruh orang)	tất cả các bạn (mọi người)
友達	朋友	friend	teman (sahabat, kawan)	bạn
恋人	男朋友、女朋友	lover	pacar (kekasih)	người yêu
先生	老师	teacher; also used to refer to doctors and other persons in respected professions	guru	thầy
技能実習生	技能实习生	technical intern trainee	Peserta praktek kerja	thực tập sinh kỹ năng
指導員	指导人员	instructor	pemimpin (pembimbing, penunjuk jalan)	người hướng dẫn
主任	主任	supervisor	kepala (penanggung jawab)	chủ nhiệm
社長	总经理	(company) president	kepala perusahaan (pemimpinperusahaan, presiden, direktor)	giám đốc
課長	科长	section chief	kepala seksi	trưởng phòng
時	时间	Time	Waktu/masa/saat	**Thời gian**
春	春天（春季）	spring	musim semi (musim bunga)	mùa xuân
夏	夏天（夏季）	summer	musim panas	mùa hạ, hè
秋	秋天（秋季）	autumn, fall	musim gugur (musim rontok)	mùa thu
冬	冬天（冬季）	winter	musim dingin (musim salju)	mùa đông

フィリピン語 【Filipino】	タイ語 【ภาษาไทย】	カンボジア語 【ភាសាខ្មែរ】	ミャンマー語 【မြန်မာ】
ate; nakakatandang kapatid na babae	พี่สาว	បងស្រី (ប្រើស្រមាប់ហៅៈបងស្រី)	အစ်မ
nakababatang kapatid na babae	น้องสาว	ប្អូនស្រី	ညီမ
anak	เด็ก	កូន កូនក្មេង	ကလေး
adult	ผู้ใหญ่	មនុស្សពេញវ័យ	လူကြီး
lalaki	ผู้ชาย	ប្រុស	ယောက်ျား
babae	ผู้หญิง	ស្រី	မိန်းမ
kayo: kayong lahat	ทุกท่าน (ทุกคน)	អ្នកទាំងអស់គ្នា	အားလုံး
kaibigan	เพื่อน	មិត្តភក្តិ	သူငယ်ချင်း
kasintahan	คนรัก	សង្សារ	ချစ်သူ
guro	ครู, อาจารย์	លោកគ្រូ (គ្រូបង្រៀនឬគ្រូពេទ្យ)	ဆရာ/ဆရာမ
technical intern trainee	ผู้ฝึกงาน	កម្មសិក្សាការី	နည်းပညာကျွမ်းကျင်မှုအလုပ်သင်လုပ်သား
instructor	ผู้ฝึกสอน	គ្រូបង្គាត់	နည်းပြ
supervisor	หัวหน้างาน	អ្នកមើលការខុសត្រូវ	ကြီးကြပ်ရေးမှူး
presidente (ng kompanya)	ประธานบริษัท	ប្រធានក្រុមហ៊ុន	ကုမ္ပဏီသူဌေး
section chief	หัวหน้าแผนก	ប្រធាននៃផ្នែក	ဌာနမှူး
Oras	กาลเวลา	ពេលវេលា	အချိန်
spring	ฤดูใบไม้ผลิ	រដូវផ្ការីក	နွေဦး
summer	ฤดูร้อน	រដូវក្ដៅ	နွေ
autumn, fall	ฤดูใบไม้ร่วง	រដូវស្លឹកឈើជ្រុះ	ဆောင်းဦး
winter	ฤดูหนาว	រដូវរងា	ဆောင်း

日本語【JAPANESE】	中国語【中国话】	英語【ENGLISH】	インドネシア語【BAHASA INDONESIA】	ベトナム語【Tiếng Việt】
先月	上个月	last month	bulan lalu	tháng trước
今月	这个月（本月）	this month	bulan ini	tháng này
来月	下个月	next month	bulan depan	tháng tới
先週	上周（上星期、上礼拜）	last week	minggu lalu	tuần trước
今週	本周（这星期、这礼拜）	this week	minggu ini	tuần này
来週	下周（下星期、下礼拜）	next week	minggu depan	tuần tới
日曜日	星期天（礼拜天）	Sunday	Hari Minggu	chủ nhật
月曜日	星期一（礼拜一）	Monday	Hari Senin	thứ hai
火曜日	星期二（礼拜二）	Tuesday	Hari Selasa	thứ ba
水曜日	星期三（礼拜三）	Wednesday	Hari Rabu	thứ tư
木曜日	星期四（礼拜四）	Thursday	Hari Kamis	thứ năm
金曜日	星期五（礼拜五）	Friday	Hari Jum'at	thứ sáu
土曜日	星期六（礼拜六）	Saturday	Hari Sabtu	thứ bảy
一昨日	前天	the day before yesterday	kemarin dulu	hôm kia
昨日	昨天	yesterday	kemarin	hôm qua
夕べ	昨天晚上	last night	tadi malam	tối qua
今朝	今天早上	this morning	tadi pagi	sáng nay
今日	今天	today	hari ini	hôm nay
今晩	今天晚上	tonight	malam ini (nanti malam)	tối nay
明日	明天	tomorrow	besok	ngày mai
あさって	后天	the day after tomorrow	lusa (besok lusa)	ngày mốt
午前	上午	morning, AM	pagi	trước ngọ, sáng
午後	下午	afternoon, PM	sore (petang)	sau trưa, chiều, tối
朝	早晨	morning	pagi	buổi sáng
昼	白天（中午）	noon	siang (tengah hari)	buổi trưa
夜	晚上	evening, night	malam	buổi tối

フィリピン語 【Filipino】	タイ語 【ภาษาไทย】	カンボジア語 【ភាសាខ្មែរ】	ミャンマー語 【မြန်မာ】
nakaraang buwan	เดือนที่แล้ว	ខែមុន	ပြီးခဲ့သောလ
ngayong buwan	เดือนนี้	ខែនេះ	ယခုလ
sa susunod na buwan	เดือนหน้า	ខែក្រោយ	လာမည့်လ
nakaraang linggo	สัปดาห์ที่แล้ว	សប្តាហ៍មុន	ပြီးခဲ့သောအပတ်
ngayong linggo	สัปดาห์นี้	សប្តាហ៍នេះ	ယခုအပတ်
sa susunod na linggo	สัปดาห์หน้า	សប្តាហ៍ក្រោយ	လာမည့်အပတ်
Linggo	วันอาทิตย์	ថ្ងៃអាទិត្យ	တနင်္ဂနွေနေ့
Lunes	วันจันทร์	ថ្ងៃចន្ទ	တနင်္လာနေ့
Martes	วันอังคาร	ថ្ងៃអង្គារ	အင်္ဂါနေ့
Miyerkules	วันพุธ	ថ្ងៃពុធ	ဗုဒ္ဓဟူးနေ့
Huwebes	วันพฤหัสบดี	ថ្ងៃព្រហស្បតិ៍	ကြာသပတေးနေ့
Biyernes	วันศุกร์	ថ្ងៃសុក្រ	သောကြာနေ့
Sabado	วันเสาร์	ថ្ងៃសៅរ៍	စနေနေ့
dalawang araw na nakalipas	เมื่อวานซืน	ថ្ងៃម្សិលម្ងៃ	တမြန်နေ့
kahapon	เมื่อวาน	ថ្ងៃម្សិល	မနေ့
kagabi	คืนก่อน	យប់ម្សិល	မနေ့ည
kaninang umaga	เช้านี้	ព្រឹកនេះ	ယနေ့မနက်
ngayong araw	วันนี้	ថ្ងៃនេះ	ယနေ့.
mamayang gabi	คืนนี้	យប់នេះ	ယနေ့ည
bukas	พรุ่งนี้	ថ្ងៃស្អែក	မနက်ဖြန်
samakalawa	วันมะรืน	ថ្ងៃខានស្អែក	သဘက်ခါ
umaga, AM	ช่วงเช้า	ពេលព្រឹក	မနက်ပိုင်း
hapon, PM	ช่วงบ่าย	ពេលរសៀល	နေ့လည်ပိုင်း
umaga	เช้า	ព្រឹក	မနက်
tanghali	กลางวัน	ថ្ងៃ	နေ့လည်
gabi	กลางคืน	យប់	ည

日本語 【JAPANESE】	中国語 【中国话】	英語 【ENGLISH】	インドネシア語 【BAHASA INDONESIA】	ベトナム語 【Tiếng Việt】
一日	一天	one day	satu hari	một ngày
毎日	每天	every day	setiap hari	mỗi ngày
時間	时间	hour; time	waktu (jam)	thời gian
～時	～点	-o'clock	jam…	-giờ
～分	～分	-minutes (past the hour)	…menit	-phút
ごみ関係	垃圾类	Garbage and waste	Sampah	Liên quan đến rác rến
生ごみ	含有水分的垃圾	kitchen waste	sampah basah (sampah dapur)	rác thức ăn
燃えるごみ	可燃性垃圾	combustible waste	sampah pembakaran	rác cháy được
燃えないごみ	不可燃垃圾	non-combustible waste	sampah tak pemba-karan	rác không cháy được
缶	罐子	can (s)	kaleng	hộp đồ hộp
瓶	瓶子	bottle(s)	botol/kaca	chai
残飯	剩饭	waste food	bekas makanan	cơm thừa
皮	皮	peel, (a) rind	kulit	da
お茶の葉	茶叶	tea leaves	bekas daun teh	lá trà
ポリバケツ	塑料桶	plastic bucket	ember plastik	thùng nhựa
再生ごみ	可再生垃圾	waste to be recycled	sampah yang dapat didaur ulang	rác tái chế
交流	交流	School and gatherings	Pertukaran	Giao lưu
日本語教室	日语学习班	Japanese (language) class/course	kursus bahasa Jepang	lớp học tiếng Nhật
料理教室	烹饪学习班	cooking class/course	kursus masakan	lớp dạy nấu ăn
運動会	运动会	athletic meeting	lomba atletik (per-temuan olahraga)	hội thi thể thao
忘年会	年终聚会	end-of-year party	pesta akhir tahun	bữa tiệc cuối năm
新年会	年初聚会	New Year's party	pesta tahun baru	bữa tiệc đầu năm
盆踊り	盂兰盆舞	bon-odori (a traditional Japa-nese dance)	tarian Bon	lễ Ô bôn
交流会	交流会	exchange party; mixer	pertukaran persaha-batan	hội giao lưu

フィリピン語 【Filipino】	タイ語 【ภาษาไทย】	カンボジア語 【ភាសាខ្មែរ】	ミャンマー語 【မြန်မာ】
isang araw	หนึ่งวัน	មួយថ្ងៃ	တစ်ရက်
araw-araw	ทุกวัน	រៀងរាល់ថ្ងៃ	နေ့စဉ်
oras	ชั่วโมง, เวลา	ម៉ោង ពេលវេលា	အချိန်နာရီ
-o'clock	--นาฬิกา	ម៉ោង~	~နာရီ
-minutes	--นาที	~នាទី	~မိနစ်
Relasyon sa basura	ขยะ	ទាក់ទងនឹងស្រមាម	အမှိုက်နှင့်ဆက်စပ်
basura sa kusina	ขยะเปียก	ស្រមាម្រសស់	အမှိုက်စို
basurang sinusunog	ขยะไหม้ไฟ	ស្រមាមដុតឆេះ	မီးရှို့နိုင်သောအမှိုက်
basurang hindi sinusunog	ขยะไม่ไหม้ไฟ	ស្រមាមដុតមិនឆេះ	မီးမရှို့နိုင်သောအမှိုက်
lata	กระป๋อง	កំប៉ុង	သံဗူး
bote	ขวด	ដប	ပုလင်း
tirang pagkain	เศษอาหาร	បាយម្ហូបសល់	စားကြွင်းစားကျန်
balat (ng pagkain)	เปลือกผลไม้	សម្បក	အခွံ
tea leaves	ใบชา	ស្លឹកតែ	လက်ဖက်ရွက်
plastic na timba	ถังพลาสติก	ធុងប្លាស្ទិច	ပလတ်စတစ်ရေပုံး
Basurang kailangang i-recycle	ขยะรีไซเคิล	ស្រមាមស្រមាប់កែច្នៃ	ပြန်လည်အသုံးပြု၍ရသောအမှိုက်
Exchange	โรงเรียนและการชุมนุม	ការប្រាស្រ័យទាក់ទងគ្នា	တွေ့ဆုံဖလှယ်ခြင်း
Japanese (language) class/course	ห้องเรียนภาษาญี่ปุ่น	ថ្នាក់រៀនភាសាជប៉ុន	ဂျပန်ဘာသာသင်တန်း
cooking class/course	ห้องเรียนทำอาหาร	ថ្នាក់រៀនធ្វើម្ហូប	ဟင်းချက်သင်တန်း
athletic meeting	งานแข่งขันกีฬา	កម្មវិធីកីឡា	အားကစားပွဲ
end-of-year party	งานส่งท้ายปีเก่า	ពិធីជប់លៀងលាឆ្នាំចាស់	နှစ်ကုန်ပါတီ
New Year's party	งานต้อนรับปีใหม่	ពិធីជប់លៀងស្វាគមន៍ឆ្នាំថ្មី	နှစ်သစ်ကူးပါတီ
bon-odori (tradisyunal na sayaw ng Hapon)	*บงโอโดริ(การร่ายรำแบบดั้งเดิม)*	របាំបុង (របាំបុរាណម៉្យាងរបស់ប្រទេសជប៉ុន)	အိုဘွန်းအက
exchange party; mixer	งานสังสรรค์	ការប្រជុំដើម្បីស្គាល់គ្នា	တွေ့ဆုံဖလှယ်ပွဲ

日本語 【JAPANESE】	中国語 【中国话】	英語 【ENGLISH】	インドネシア語 【BAHASA INDONESIA】	ベトナム語 【Tiếng Việt】
カラオケ大会	卡拉 OK 大赛	karaoke party; karaoke contest	lomba Karaoke	hội thi hát karaoke
パーティー	晚会	party	pesta	buổi tiệc liên hoan
お花見	赏樱花	cherry-blossom viewing party	menikmati keindahan bunga sakura	hội ngắm hoa
体	**身体部位**	**Parts of the body**	**Badan orang**	**Thân thể**
頭	头（脑袋）	head	kepala	đầu
顔	脸	face	muka	mặt
髪の毛	头发	hair	rambut	tóc
目	眼睛	eye (s)	mata	mắt
耳	耳朵	ear (s)	telinga	tai
鼻	鼻子	nose	hidung	mũi
口	嘴	mouth	mulut	miệng
歯	牙齿	tooth, teeth	gigi	răng
首	脖子	neck	leher	cổ
喉	喉咙（嗓子）	throat	kerongkongan	cuống họng
肩	肩膀	shoulder (s)	bahu	vai
胸	胸脯	chest, breast	dada	ngực
背中	背	back	punggung (belakang)	lưng
お腹	肚子	stomach, esp. lower stomach	perut	bụng
手	手	hand (s)	tangan	tay
指	手指	finger (s)	jari	ngón tay
足	脚、腿	leg (s), foot, feet	kaki	chân
ひじ	胳膊肘	elbow (s)	siku (lengan)	khuỷu tay, cùi chỏ
ひざ	膝盖	knee (s)	lutut	đầu gối
医療	**看病**	**Medical terms**	**Perwatan medis**	**Y tế**
熱	发烧	fever	panas (demam)	bệnh sốt, nóng
怪我	伤	injury	luka (cedera)	thương tích
顔色	脸色	complexion	cahaya muka	sắc mặt
医者	医生	doctor	dokter	bác sĩ

フィリピン語 【Filipino】	タイ語 【ภาษาไทย】	カンボジア語 【ភាសាខ្មែរ】	ミャンマー語 【မြန်မာ】
karaoke party; karaoke contest	ปาร์ตี้คาราโอเกะ	ពិធីជប់លៀងដែលច្រៀងខារ៉ាអូខេ	ကာရာအိုကေသီဆိုပြိုင်ပွဲ
party	งานปาร์ตี้	ពិធីជប់លៀង	ပါတီ
cherry-blossom viewing party	เทศกาลชมดอกไม้	ការជួបជុំមើលផ្កាសាគូរ៉ា	ပန်းကြည့်ပွဲ
Parte ng katawan	**ร่างกาย**	**រាងកាយ**	**ခန္ဓာကိုယ်**
ulo	ศีรษะ	ក្បាល	ဦးခေါင်း
mukha	ใบหน้า	មុខ	မျက်နှာ
buhok	ผม	សក់	ဆံပင်မွေး
mata	ตา	ភ្នែក	မျက်လုံး
tainga	หู	ត្រចៀក	နား
ilong	จมูก	ច្រមុះ	နာခေါင်း
bibig	ปาก	មាត់	ပါးစပ်
ngipin	ฟัน	ធ្មេញ	သွား
leeg	คอ	ក	လည်ပင်း
lalamunan	ลำคอ	បំពង់ក	လည်ချောင်း
balikat	ไหล่	ស្មា	ပုခုံး
dibdib	หน้าอก	ទ្រូង	ရင်ဘတ်
likod	หลัง	ខ្នង	ကျော
tiyan	ท้อง	ពោះ	ဗိုက်
kamay	มือ	ដៃ	လက်
daliri	นิ้ว	ម្រាមដៃ	လက်ချောင်း
paa	ขา, เท้า	ជើង	ခြေထောက်
siko	ข้อศอก	កែងដៃ	တံတောင်ဆစ်
tuhod	หัวเข่า	ជង្គង់	ဒူးခေါင်း
Medical terms	**การแพทย์**	**សេវាសុខភាព**	**ဆေးကုသမှု**
lagnat	ไข้	អាការៈក្តៅខ្លួន	အဖျား
pinsala	บาดเจ็บ	របួស	ဒဏ်ရာ
kompleksyon	สีหน้า	ទឹកមុខ	မျက်နှာအသားအရောင်
doctor	แพทย์	ផ្ទៃបណ្ឌិត	ဆရာဝန်

日本語 【JAPANESE】	中国語 【中国话】	英語 【ENGLISH】	インドネシア語 【BAHASA INDONESIA】	ベトナム語 【Tiếng Việt】
吐き気	恶心	nausea	mual	buồn nôn
頭痛	头痛	headache	sakit kepala	nhức đầu
めまい	头晕	dizziness	pusing	chóng mặt
病気	疾病	sick, sickness, disease	sakit	bệnh tật
注射	注射（打针）	shot, injection	injeksi, (suntik)	tiêm thuốc
薬	药	medicine	obat	thuốc
カプセル	胶囊	capsule	obat kapsul	viên nang
錠剤	药片	pill	tablet (pil)	viên thuốc nén
食前	饭前	before meals	sebelum makan	trước khi ăn
食間	两顿饭之间	during meals	sewaktu makan	
食後	饭后	after meals	setelah makan	sau khi ăn
内科	内科	internal medicine	bagian penyakit dalam	nội khoa
外科	外科	external medicine	bagian penyakit luar	ngoại khoa
風邪	感冒	cold	flu (masuk angin)	cảm lạnh
休養	休息	rest	istirahat	tĩnh dưỡng
作業	作业	Tools and construction	Pekerjaan	**Dụng cụ xây dựng**
機械	机械	machine	mesin	máy móc
ドライバー	螺丝刀（改锥）	screwdriver	obeng	cái tuộc nơ vít
ボルト	螺钉	bolt	baut (pasak)	bu lông
ナット	螺母	nut	mur	đai ốc
ドリル	钻头	drill	bor	cái khoan
ペンチ	钢丝钳（钳子）	pliers	gegep (pengapit)	cái kìm
スパナ	扳手	spanner wrench	kunci pas	chìa vặn, cờ lê
ヘルメット	安全帽	helmet	topi baja (helm)	mũ bảo hiểm
スケール	尺	scale	mistar (penggaris, pengukur)	thước tỷ lệ
作業場	车间（工段、工地）	work site, construction site	tempat pekerjaan	công trường, chỗ làm việc

フィリピン語 【Filipino】	タイ語 【ภาษาไทย】	カンボジア語 【ភាសាខ្មែរ】	ミャンマー語 【မြန်မာ】
alibadbad	คลื่นไส้	អាការៈចង់ក្អួត	အန်ချင်စိတ်
sakit sa ulo	ปวดศีรษะ	អាការៈឈឺក្បាល	ခေါင်းကိုက်ခြင်း
nahihilo	วิงเวียน	អាការៈវិលមុខ	ခေါင်းမူးခြင်း
karamdaman, sakit	ไม่สบาย	ជំងឺ	နာမကျန်းခြင်း
shot, injection	ฉีดยา	ការចាក់ថ្នាំ	ဆေးထိုးခြင်း
gamot	ยา	ថ្នាំ	ဆေး
capsule	แคปซูล	ថ្នាំកាប់ស៊ុល	ဆေးတောင့်
pill	ยาเม็ด	ថ្នាំគ្រាប់	ဆေးပြား
bago kumain	ก่อนอาหาร	មុនបរិភោគអាហារ	အစာမစားမီ
sa pagitan ng oras sa pagkain	ระหว่างอาหาร	ចេន្លោះម៉ោងអាហារ	အစာစားစဉ်
pagkatapos kumain	หลังอาหาร	ក្រោយបរិភោគអាហារ	အစာစားပြီးနောက်
internal medicine	แผนกอายุรกรรม	ផ្នែកព្យាបាលជំងឺក្នុងខាងការយេដោយយេប្រើឱិសថ	ရောဂါကုသမှုဌာန
surgical department	แผนกศัลยกรรม	ផ្នែកព្យាបាលេដោយវះកាត់	ခွဲစိတ်ဌာန
sipon	หวัด	ជំងឺផ្តាសាយ	အအေးမိခြင်း
pahinga	พักผ่อน	ការស្រមាកែថរក្សាសុខភាព	အနားယူခြင်း
Gawain	การทำงาน	ការធ្វើការងារ	လုပ်ငန်း
makina	เครื่องจักร	ម៉ាស៊ីន	စက်ပစ္စည်း
screwdriver	ไขควง	មួរណេវិស	ဝက်အူလှည့်
bolt	สลักเกลียว	ប៊ូឡុង	မူလီ
nut	แหวนสลักเกลียว	ខ្វៅញ៉	မူလီခေါင်း
drill	สว่าน	ម៉ាស៊ីនស្វាន	လွန်မှု
plier	คีม	ដង្កាប់	ပလာယာ
spanner wrench (liyabe)	กุญแจเลื่อน	ប្រដាប់ម្ចូលេខៅ	၄
helmet	หมวกนิรภัย	មួកការពារ	အကာအကွယ်ဦးထုပ်
scale	สายวัด	ខ្នាត	တိုင်းတာရေးသုံးပစ္စည်း
Lugar ng trabaho	พื้นที่ปฏิบัติงาน	ទីកែន្លងស្រមាប់ធ្វើការងារ	လုပ်ငန်းခွင်

日本語 【JAPANESE】	中国語 【中国话】	英語 【ENGLISH】	インドネシア語 【BAHASA INDONESIA】	ベトナム語 【Tiếng Việt】
軍手	劳动用手套	working glove	sarung tangan kerja	găng tay lao động
作業靴	工作鞋	work shoes, work boots	sepatu kerja	giày lao động
安全靴	安全鞋	protective work shoes, protective work boots	sepatu pengaman	giày bảo hộ
道具	工具	tool (s)	alat-alat	dụng cụ
紐	细绳	string, rope	tali	dây, dây thừng
現場	车间（工地）	site (esp. construction site)	lapangan kerja	hiện trường
地下足袋	胶底布袜（当鞋穿时）	working shoes specialized in Japan jikatabi—a type of footwear consisting of a combination of socks and shoes in one piece with rubber soles and a mitten-like division between big toe and remaining toes (worn by construction workers)	sepatu kerja khusus Jepang	tất tabi có ngón, đế cao su dùng trong việc xây dựng
色	颜色	Colors	Warna	Màu sắc
赤	红色	red	merah	đỏ
青	蓝色	blue or dark green	biru	xanh
黄	黄色	yellow	kuning	vàng
白	白色	white	putih	trắng
黒	黑色	black	hitam	đen
緑	绿色	light green	hijau	xanh lá cây, xanh lục
単位	计量单位	Units of measure	Satuan ukuran	Đơn vị đo lường
時	小时	hour	jam (pukul)	giờ
分	分钟	minute	menit	phút
秒	秒钟	second	detik (sekon)	giây
グラム（g）	克	gram	gram	gram
キログラム（kg）	公斤	kilogram	kilogram	kilogram
ミリメートル（mm）	毫米	millimeter	milimeter	milimet

フィリピン語 【Filipino】	タイ語 【ภาษาไทย】	カンボジア語 【ភាសាខ្មែរ】	ミャンマー語 【မြန်မာ】
guwantes (pangtrabaho)	ถุงมือทำงาน	ស្រោមដៃជ្រកាស់	လုပ်ငန်းသုံးလက်အိတ်
work shoes, work boots	รองเท้าทำงาน	ស្បែកជើងស្រមាប់ធ្វើការងារ	လုပ်ငန်းခွင်သုံးဖိနပ်
safety shoes	รองเท้านิรภัย	ស្បែកជើងសុវត្ថិភាព	ဘေးကင်းလုံခြုံရေးသုံးဖိနပ်
kasangkapan	เครื่องมือ	ប្រដាប់ប្រដា ឧបករណ៍	ပစ္စည်းကိရိယာ
tali	เชือก	ខ្សែ	ကြိုး
site (esp. construction site)	หน้างาน	ទីកន្លែងជាកក់ស្ទុង	လုပ်ငန်းခွင်နေရာ
working shoes (ginagamit ng mga construction workers sa Japan, ito ay kombinasyon ng medyas at sapatos na may pagitan sa bawat daliri ng paa)	ถุงเท้าพื้นยางแบบญี่ปุ่น	ស្បែកជើងដៃដលែញកេមេជើងព្រីមាមេជើង ផ្សេងទៅៀតេដើម្បីងាយស្រួលេធ្វើេលនា	ကျိခါတာ့ဘိဖိနပ်(ခြေမနှင့်ကျန်ခြေချောင်းတို့ကို အကာန့်နှစ်ခုအဖြစ်ခွဲထားပေးသော ခြေအိတ်နှင့်ဖိနပ်ပေါင်းစပ်ပစ္စည်း)
Mga kulay	สี	ពណ៌	အရောင်
pula	แดง	ក្រហម	အနီ
asul	น้ำเงิน	ខៀវ	အပြာ/အစိမ်းရင့်
dilaw	เหลือง	ឈៀង	အဝါ
puti	ขาว	ស	အဖြူ
itim	ดำ	ខ្មៅ	အမဲ
berde	เขียว	បៃតង	အစိမ်း
Units of measure	หน่วย	ឯកតា	ယူနစ်
hour	ชั่วโมง	ម៉ោង	နာရီ
minute	นาที	នាទី	မိနစ်
second	วินาที	វិនាទី	စက္ကန့်
gram	กรัม	ក្រាម	ဂရမ်(g)
kilogram	กิโลกรัม	គីឡូក្រាម	ကီလိုဂရမ်(kg)
millimeter	มิลลิเมตร	មីលីម៉ែត	မီလီဂရမ်(mm)

日本語 【JAPANESE】	中国語 【中国话】	英語 【ENGLISH】	インドネシア語 【BAHASA INDONESIA】	ベトナム語 【Tiếng Việt】
センチメートル（cm）	厘米	centimeter	sentimeter	xentimet
メートル（m）		meter	meter	
キロメートル（km）	公里（千米）	kilometer	kilometer	kilomet
平方メートル（㎡）	平方米	square meter	meter persegi	mét vuông
その他	其他	Other miscellaneous vocabulary items	Lain-lain	**Các từ khác**
会議	会议	meeting, conference	konperensi, rapat	hội nghị
名前	姓名	name	nama	họ và tên
住所	地址（住所）	address	alamat	địa chỉ
宿題	作业	homework, assignment	pekerjaan rumah	bài tập về nhà
仕事	工作	work	pekerjaan	công việc
技能実習	技能实习	technical intern training	praktek kerja	thực tập kỹ năng
見学	参观	(to take a) tour	peninjauan	tham quan
練習	练习	training（to learn a skill）	latihan	tập luyện
修理	修理	repair	perbaikan (reparasi)	sửa chữa
料理	饭菜（菜肴）、烹调	cooking, food, a dish	masakan	nấu ăn
休み	休息、休假	rest, break, vacation	libur	nghỉ ngơi
休憩	中间休息	break	istirahat (cuti)	giờ giải lao
写真	照片	photograph	foto	hình, ảnh
サイン	签字（签名）	signature	tanda tangan	chữ ký
実習	实习	hands-on training, case study	praktek	thực tập
運転	驾驶、运转	driving, running (a machine), operating (a machine)	menyetir, menjalankan, mengoperasikan	lái xe, vận hành
連絡	联系	contact, to get in touch	pemberitahuan	liên lặc
勉強	学习	study	belajar	học tập
買い物	买东西（购物）	shopping	belanja	mua sắm
洗濯	洗衣服	washing, laundry	mencuci baju	giặt giũ
準備	准备	to prepare, to get something ready	persiapan	chuẩn bị

フィリピン語 【Filipino】	タイ語 【ภาษาไทย】	カンボジア語 【ភាសាខ្មែរ】	ミャンマー語 【မြန်မာ】
centimeter	เซ็นติเมตร	សង់ទីម៉ែត្រ	စင်တီမီတာ(cm)
meter	เมตร	ម៉ែត្រ	မီတာ(m)
kilometer	กิโลเมตร	គីឡូម៉ែត្រ	ကီလိုမီတာ(km)
square meter	ตารางเมตร	ម៉ែត្រការ៉េ	စတုရန်းမီတာ(m2)
at iba pa	อื่น ๆ	ផ្សេងៗ	အခြား
meeting, conference	ประชุม	ការប្រជុំ	အစည်းအဝေး
pangalan	ชื่อ	ឈ្មោះ	အမည်
address	ตำบลที่อยู่	អាសយដ្ឋាន	လိပ်စာ
assignment	การบ้าน	កិច្ចការនៅផ្ទះ	အိမ်စာ
trabaho	งาน	ការងារ	အလုပ်
technical intern training	ฝึกทักษะ	កម្មសិក្សា	နည်းပညာကျွမ်းကျင်မှုအလုပ်သင်
maglakbay	ทัศนศึกษา	ទស្សនកិច្ច	လေ့လာရေးထွက်ခြင်း
magsanay	ฝึกซ้อม	ការហើកហាត់ ការអនុវត្ត	လေ့ကျင့်ခန်း
kumpuni	ซ่อมแซม	ការជួសជុល	ပြုပြင်ခြင်း
luto	ทำอาหาร	ការធ្វើមូប មូប	ဟင်းလျာ
bakasyon, pahinga	พัก	ការឈប់ស្រមាក	အနားယူခြင်း/နားရက်
pahinga, break	หยุดพัก	ការស្រមាក	ခေတ္တအနားယူခြင်း
larawan	ภาพถ่าย	រូបថត	ဓာတ်ပုံ
pirma	ลายเซ็น	ហត្ថលេខា	လက်မှတ်
pagsasanay	ฝึกภาคปฏิบัติ	ការអនុវត្តជាក់ស្តែង	လက်တွေ့လေ့ကျင့်ခြင်း
maneho	ขับรถ, เดินเครื่อง	ការបើកបរ ការបញ្ញា(ម៉ាស៊ីន)	မောင်းနှင်ခြင်း
tumawag	ติดต่อ	ការទាក់ទង	ဆက်သွယ်ခြင်း
mag-aral	ศึกษา	ការសិក្សា	စာလေ့လာခြင်း
mamili	ช้อปปิ้ง	ការទិញទំនិញ	ဈေးဝယ်ခြင်း
maglaba	ซักผ้า	ការបាកសេម្លៀកបំពាក់	အဝတ်လျှော်ခြင်း
maghanda	เตรียมงาน	ការត្រៀម	ကြိုတင်ပြင်ဆင်ခြင်း

日本語 【JAPANESE】	中国語 【中国话】	英語 【ENGLISH】	インドネシア語 【BAHASA INDONESIA】	ベトナム語 【Tiếng Việt】
用意	准备	to prepare, lay out, or set something beforehand	persiapan	chuẩn bị
整理	整理	to clean up, to organize	kerapian	chỉnh lý, dọn dẹp sạch sẽ
質問	问题	question	pertanyaan	câu hỏi
避難	避难	evacuation	perlindungan	lánh nạn
注意	注意、警告	warning, attention, caution	perhatian	chú ý
掃除	扫除	cleaning	pembersihan	quét dọn
約束	约（约会）	promise	janji	lời hứa
町	城市（镇）	neighborhood, town, village	kota	phố xá, thành thị
国	国家	country, nation	negeri	nước, quốc gia
技術	技术	technology; skill	teknik	kỹ thuật
給料	工资	pay	upah	tiền lương
使い方	使用方法（用法）	how to use; method of use	cara memakainya	cách dùng
事故	事故	accident; mistake; breakdown	kecelakaan	sự cố
交通事故	交通事故	traffic accident	kecelakaan lalu lintas	sự cố giao thông
外国人	外国人	foreigner	orang asing	người nước ngoài
日本人	日本人	Japanese	orang Jepang	người Nhật Bản
火	火	fire	api	lửa
ガス	煤气（气体）	gas	gas	khí đốt, gas
文化	文化	culture	kebudayaan	văn hóa
生活	生活	(everyday) life	kehidupan	sinh hoạt
習慣	习惯	custom (s)	kebiasaan	phong tục
紹介	介绍	introduction; description	perkenalan	giới thiệu
挨拶	寒暄（问候、打招呼、致词）	greetings	salam	chào hỏi
薬品	药品	pharmaceuticals, medicines	obat-obatan	thuốc men
試験	考试（试验）	test, examination	ujian (percobaan)	thí nghiệm
切符	票	ticket	karcis	vé

フィリピン語 【Filipino】	タイ語 【ภาษาไทย】	カンボジア語 【ภาษาเขมร】	ミャンマー語 【မြန်မာ】
maghanda	เตรียมตัว	ការរៀបចំទុកជាមុន	အသင့်ပြင်ဆင်ခြင်း
ayusin ang	จัดระเบียบ	ភាពរៀបរយ	စနစ်တကျထားရှိခြင်း
tanong	คำถาม	សំណួរ	မေးခွန်း
paglikas	หนีภัย	ការរៀសខ្លួន	ဘေးရှောင်ခြင်း
bigyang pansin	เตือนให้ระวัง	ប្រយ័ត្ន	သတိပြုခြင်း
mag-linis	ทำความสะอาด	ការសម្អាត	သန့်ရှင်းရေးပြုလုပ်ခြင်း
pangako	สัญญา	ការសន្យា	ကတိ
bayan	เมือง	សង្កាត់	မြို့
bansa	ประเทศ	ប្រទេស	နိုင်ငံ
teknolohiya	เทคนิค	បច្ចេកវិទ្យា បច្ចេកទេស	နည်းပညာ
sahod	เงินเดือน	ប្រាក់បៀវត្ស	လစာ
papaano gamitin	วิธีใช้	វិធីប្រើប្រាស់	အသုံးပြုနည်း
aksidente	อุบัติเหตุ	ឧបទ្ទវហេតុ	မတော်တဆမှု
aksidente sa trapiko	อุบัติเหตุการจราจร	គ្រោះថ្នាក់ចរាចរណ៍	ယာဉ်မတော်တဆမှု
dayuhan	ชาวต่างชาติ	ជនបរទេស	နိုင်ငံခြားသား
Hapon	คนญี่ปุ่น	ជនជាតិជប៉ុន	ဂျပန်လူမျိုး
apoy	ไฟ	ភ្លើង	မီး
gas	แก๊ส	ឧស្ម័ន ហ្គាស	ဂတ်စ်
kultura	วัฒนธรรม	វប្បធម៌	ယဉ်ကျေးမှု
buhay (sa araw-araw)	การดำรงชีวิต	ការរស់នៅ	လူနေမှုဘဝ
custom	ขนบธรรมเนียม	ទម្លាប់	ဓလေ့ထုံးစံ
pagpapakilala	แนะนำ	ការណែនាំ	မိတ်ဆက်ခြင်း
pagbati	ทักทาย, ปราศรัย	តាមកិច្ច	နှုတ်ခွန်းဆက်ခြင်း
pharmaceuticals, medicines	เวชภัณฑ์	ឱសថ សារជាតុគីមី	ဆေးဝါးပစ္စည်း
pag-susulit	สอบ, ทดสอบ	ការធ្វើតេស្ត	စာမေးပွဲ
ticket	ตั๋ว	សំបុត្រ	လက်မှတ်

日本語 【JAPANESE】	中国語 【中国话】	英語 【ENGLISH】	インドネシア語 【BAHASA INDONESIA】	ベトナム語 【Tiếng Việt】
必要	需要	necessary	keperluan (kebutu-han)	cần thiết
愛	爱	love	cinta	tình yêu
道	路	street, road, highway	jalan	đường xá
説明書	说明书	manual	buku pefunjuk	giấy chứng minh
料金	费用	fee, monetary charge	ongkos	giá cước, phí
おつり	找钱	change	uang kembali	tiền lẻ
サイズ	尺寸、大小	size	ukuran	kích thước, cỡ
メニュー	菜单	menu	menu (daftar maka-nan)	thực đơn
消費税	消费税	consumption tax	pajak konsumsi	thuế tiêu thụ
日記	日记	diary	catatan harian	nhật ký
レシート	收款条、收据	receipt	kwitansi	biên nhận, biên lai
絵	画	picture	gambar	bức tranh
荷物	行李	luggage, parcels, packages	barang-barang	hành lý
食事	用餐（吃饭）	meal	makan	bữa ăn
ニュース	新闻（消息）	news	warta berita	tin tức
音	声音	sound	bunyi	âm thanh
席	座位	seat	tempat duduk	ghế ngồi
お湯	开水、热水	hot water, boiling water	air panas	nước nóng, nước sôi
電話帳	电话薄	telephone book	buku nomor telepon	niên giám điện thoại
服装	服装	dress	dandanan	phục sức
身長	身高	height (of a person)	tinggi badan	chiều cao, vóc người
体重	体重	weight (of a person)	berat badan	thể trọng
裸	裸体	naked	telanjang	khỏa thân
素手	光着手	bare-handed	tangan kosong	tay không
素足	光着脚	bare-footed	kaki telanjang	chân trần
犬	狗	dog	anjing	chó

フィリピン語【Filipino】	タイ語【ภาษาไทย】	カンボジア語【ភាសាខ្មែរ】	ミャンマー語【မြန်မာ】
kailangan	จำเป็น	ភាពចាំបាច់	လိုအပ်မှု
mahal	ความรัก	ក្ដីស្រឡាញ់	အချစ်
street, daan	ทาง	ផ្លូវ	လမ်း
manu-manong pagtuturo	คู่มือ	សៀវភៅណែនាំ	လက်စွဲစာအုပ်
bayad	ค่าธรรมเนียม	ថ្លៃចំណាយ	အဖိုးအခ
sukli	เงินทอน	ប្រាក់អាប់	ငွေအကြွေ
sukat	ขนาด	ទំហំ	အရွယ်အစား
menu	เมนู	មុខម្ហូប	ဟင်းလျာစာရင်း
buwis sa paggamit	ภาษีผู้บริโภค	ពន្ធលើការប្រើបាស់	စားသုံးသူအခွန်
talaarawan	สมุดบันทึกประจำวัน	កំណត់ហេតុ	နေ့စဉ်မှတ်တမ်း
resibo	ใบเร็จรับเงิน	វិក្កយប្រត	ဘောက်ချာ
litrato	ภาพเขียน	រូបភាព	ပန်းချီ
bagahe	สัมภาระ	ព្រាំ	အထုပ်အပိုး
pag-kain	อาหาร	ការបរិភោគអាហារ	အစားအသောက်
balita	ข่าว	ព័ត៌មាន	သတင်း
tunog	เสียง	សេម្លង	အသံ
upuan	ที่นั่ง	កៅអីអង្គុយ	ထိုင်ခုံ
mainit na tubig	น้ำร้อน	ទឹកក្ដៅ	ရေနွေး
telephone book	สมุดโทรศัพท์	សៀវភៅទូរស័ព្ទ	ဖုန်းနံပါတ်မှတ်စုစာအုပ်
pananamit	เครื่องแต่งตัว	ការស្លៀកពាក់	ဝတ်စုံ
taas	ส่วนสูง	កម្ពស់	အရပ်အမြင့်
timbang	น้ำหนัก	ទម្ងន់	ကိုယ်အလေးချိန်
nakahubad	เปลือย	ខ្លួនទទេ	ကိုယ်လုံးတီး
walang hawak na anuman	มือเปล่า	ដៃទទេ	လက်ဗလာ
walang suot na anuman sa paa	เท้าเปล่า	ជើងទទេ	ခြေဝလာ
aso	สุนัข	ឆ្កែ	ခွေး

日本語 【JAPANESE】	中国語 【中国话】	英語 【ENGLISH】	インドネシア語 【BAHASA INDONESIA】	ベトナム語 【Tiếng Việt】
猫	猫	cat	kucing	mèo
蛇	蛇	snake	ular	rắn
公園	公园	park	taman	công viên
検査	检查	inspection, examination (as in medical examination)	pemeriksaan	kiểm tra
計算	计算	calculation	perhitungan	tính toán
説明	说明	explanation, description	uraian, petunjuk	thuyết minh
加工	加工	processing, (re) working	pengolahan	gia công
疑問詞	疑问词	Question words	Kata tanya	**Nghi vấn từ**
何	什么	what	apa	cái gì
誰	谁	who	siapa	ai, người nào
いくら	多少钱	how much	harganya berapa	bao nhiêu tiền
いくつ	几个（多少）	how many	berapa banyak	bao nhiêu
どこ	哪儿（什么地方）	where	mana	ở đâu
いつ	什么时候	when	apabila (kapan)	khi nào
何度	几次（多少次）	how many times	berapa kali	mấy lần
どのくらい	多少	how much	berapa	khoảng bao nhiêu
どうして	为什么	how; why	kenapa (mengapa)	tại sao
何時	几点	what time	jam berapa	mấy giờ
何月	几月	what month	bulan berapa	tháng nào
何日	几日	what day	tanggal berapa	ngày nào
何曜日	星期几（礼拜几）	what day of the week	hari apa	ngày thứ mấy
形容詞、副詞	形容词、副词	Adjectives and adverbs	Kata sifat, kata keterangan	**Hình dung từ, phó từ**
暖かい	暖和	warm	hangat	ấm áp
涼しい	凉快	cool	sejuk	mát mẻ
暑い	热	hot	panas	nóng bức
寒い	冷	cold	dingin	lạnh lẽo
眠い	困	sleepy	mengantuk	buồn ngủ

フィリピン語 【Filipino】	タイ語 【ภาษาไทย】	カンボジア語 【ภาสาเขมร】	ミャンマー語 【မြန်မာ】
pusa	แมว	ឆ្មា	ကြောင်
ahas	งู	ពស់	မြွေ
parke	สวนสาธารณะ	សួនឧទ្យាន	ပန်းခြံ
inspeksyon	ตรวจ	ការពិនិត្យ	ရှာဖွေစစ်ဆေးခြင်း
calculation	คำนวณ	ការគណនា	တွက်ချက်ခြင်း
paliwanag, paglalarawan	อธิบาย	ការពន្យល់	ရှင်းပြခြင်း
proseso	แปรรูป	កាំរៃកច្ច	ပြုပြင်ဖန်တီးထုတ်လုပ်ခြင်း
tanong ng mga salita	คำปุจฉา	ពាក្យស្រមាប់បង្កើតជាសំណួរ	အမေးစကားလုံးများ
ano	อะไร	អ្វី	ဘာ
sino	ใคร	នរណា	ဘယ်သူ
magkano	ราคาเท่าไร	តៃម្លៃប៉ុន្មាន	ဘယ်လောက်
ilan	กี่อัน	ចំនួនប៉ុន្មាន	ဘယ်နှခု
saan	ที่ไหน	ទីណា	ဘယ်နေရာ
kailan	เมื่อไร	ពេលណា	ဘယ်အချိန်
ilang beses	กี่ครั้ง	ប៉ុន្មានដង	ဘယ်နှကြိမ်
gaano	ประมาณเท่าไร	រ៉ូបបាលប៉ុន្មាន	ဘယ်လောက်လောက်
bakit	ทำไม	ហេតុអ្វី	ဘာကြောင့်
anong oras	กี่โมง	ម៉ោងប៉ុន្មាន	ဘယ်နနာရီ
anong buwan	เดือนอะไร	ខែណា	ဘာလ
anong araw	วันที่เท่าไร	ថ្ងៃទីប៉ុន្មាន	ဘယ်နရက်နေ့
anong araw ng linggo	วันอะไร	ថ្ងៃអ្វី	ဘာနေ့
Adjectives at adverbs	คำคุณศัพท์, คำวิเศษณ์	គុណនាម និង គុណកិរិយា	နာမဝိသေသန၊ ကြိယာဝိသေသန
mainit-init	อบอุ่น	ក្ដៅល្មម	နွေးထွေးသော
malamig-lamig	เย็น	ត្រជាក់សួល ល្មើយ	အေးမြသော
mainit	ร้อน	ក្ដៅ	ပူအိုက်သော
malamig	หนาว	រងា	ချမ်းအေးသော
inaantok	ง่วง	ងងុយយគង	အိပ်ချင်သော

日　本　語 【JAPANESE】	中　国　語 【中国话】	英　語 【ENGLISH】	インドネシア語 【BAHASA INDONESIA】	ベトナム語 【Tiếng Việt】
元気	精神（健康）	healthy, in good sprits	bersemangat	khỏe mạnh
痛い	疼	painful, to be in pain	sakit	đau đớn
好き	喜欢	to like	suka	thích
嫌い	讨厌	to dislike, to hate	tidak suka (benci)	ghét
おいしい（うまい）	好吃（好喝）	good (as in taste), delicious	enak	ngon
まずい	不好吃（不好喝）	bad (as in taste); tasteless	kurang enak (kurang sedap)	không ngon, dở
甘い	甜	sweet	manis	ngọt
辛い	辣（咸）	hot	asin (pedas)	cay
おもしろい	有趣（有意思）	funny; interesting	lucu	thú vị, thích thú
うれしい	高兴	happy	senang (gembira)	mừng rỡ
悲しい	悲伤	sad	sedih	đau thương, buồn bã
寂しい	寂寞	lonely	sepi	cô đơn, hiu quạnh
忙しい	忙	busy	sibuk	bận rộn
大変	非常（很、特别）	intensifier used something like English 'very'	sangat	khiếp, ghê gớm, kinh khủng
残念	遗憾	word of regret used something like English 'too bad'	sayang (sesal)	đáng tiếc
危ない	危险	dangerous (also used to mean simply 'watch out！')	awas (berbahaya)	nguy hiểm
新しい	新	new	baru	mới
古い	旧	old	lama	cũ
薄い	薄	thin	tipis	mỏng
大きい	大	big	besar	to, lớn
小さい	小	small	kecil	bé, nhỏ
長い	长	long	panjang	dài
短い	短	short	pendek	ngắn
重い	重	heavy	berat	nặng
軽い	轻	light	ringan	nhẹ
高い	高	high, tall	tinggi	cao
低い	低（矮）	low, short	rendah	thấp

フィリピン語 【Filipino】	タイ語 【ภาษาไทย】	カンボジア語 【ភាសាខ្មែរ】	ミャンマー語 【မြန်မာ】
masigla	แข็งแรงดี	មានសុខភាពល្អ	ကျန်းမာသော
masakit	เจ็บ, ปวด	ឈឺ	နာကျင်သော
gusto	ชอบ	ចូលចិត្ត	ကြိုက်နှစ်သက်သော
ayaw	ไม่ชอบ, เกลียด	ស្អប់	မကြိုက်သော
masarap	อร่อย	ឆ្ងាញ់	အရသာရှိသော
hindi masarap	ไม่อร่อย	មិនឆ្ងាញ់	အရသာမရှိသော
matamis	หวาน	ផ្អែម	ချိုသော
mainit	เผ็ด	ហិរ	စပ်သော
nakakatawa	สนุก, น่าสนใจ	កំប្លែង	စိတ်ဝင်စားစရာကောင်းသော
masaya	ดีใจ	សប្បាយ	ပျော်ရွှင်သော
malungkot	เสียใจ	ឈឺចាប់ ខ្លោចផ្សា	ဝမ်းနည်းသော
nag-iisa	เหงา	ឯកា អផ្សុក	အထီးကျန်သော
maraming ginagawa	งานยุ่ง	វល់	အလုပ်ရှုပ်သော
ang hirap	อย่างยิ่ง	ខ្លាំងណាស់ ពិបាក	အလွန်
sayang	เสียดาย	គួរអោយស្តាយ	စိတ်မကောင်းသော
delikado, mapanganib	อันตราย	គ្រោះថ្នាក់	အန္တရာယ်များသော
bago	ใหม่	ថ្មី	သစ်သော
luma	เก่า	ចាស់	ဟောင်းသော
manipis	บาง	ស្តើង	ပါးသော
malaki	ใหญ่	ធំ	ကြီးသော
maliit	เล็ก	តូច	ငယ်သော
mahaba	ยาว	វែង	ရှည်သော
maikli	สั้น	ខ្លី	တိုသော
mabigat	หนัก	ធ្ងន់	လေးသော
magaan	เบา	ស្រាល	ပေါ့သော
mataas	สูง	ខ្ពស់	မြင့်သော/ရှည်သော
mababa	ต่ำ,เตี้ย	ទាប	နိမ့်သော/ပုသော

日本語 【JAPANESE】	中国語 【中国话】	英語 【ENGLISH】	インドネシア語 【BAHASA INDONESIA】	ベトナム語 【Tiếng Việt】
安い	便宜	cheap, inexpensive	murah	rẻ
いい（良い）	好	good	baik	tốt
悪い	坏	bad	tidak baik (buruk)	xấu
熱い	烫	hot	panas	nóng
冷たい	冰凉	cold	dingin	lạnh
近い	近	near	dekat	gần
遠い	远	far	jauh	xa
少し（ちょっと）	一点	a little	sedikit	một chút
たくさん（いっぱい）	多（很多）	a lot	banyak	nhiều
全部	全部	all	semua	toàn bộ, hết cả
大事	重要	important, very important	penting	quan trọng
今	现在	now	sekarang	bây giờ, hiện nay
速く	快	fast, quickly	cepat	nhanh
ゆっくり	慢（缓慢）	at a leisurely pace	pelan-pelan (perlahan-lahan)	từ từ, chầm chậm
先に	先	before	dulu	trước, sớm hơn
後で	呆一会（过一会）	after	nanti	lát nữa, chốc nữa
暇	闲	free time	luang	rảnh rỗi
上手	好（做得好、手艺高）	skilled or good at doing someting	pintar (pandai, cakap)	hay, giỏi
下手	不会（做得不好、手艺低）	unskilled or poor at doing someting	kurang pandai (kurang lancar)	kém, dở
早い	早	early	cepat	sớm
遅い	晚、慢	late, slow	lambat	muộn
苦い	苦	bitter	pahit	đắng
きれい	漂亮、美、美丽	pretty, beautiful	indah	đẹp
多い	多	many	banyak	nhiều
静か	安静	quiet	sunyi	yên lặng
難しい	难	difficult	susah	Khó
親切	亲切	kind	baik hati	tốt bụng, tử tế

フィリピン語【Filipino】	タイ語【ภาษาไทย】	カンボジア語【ភាសាខ្មែរ】	ミャンマー語【မြန်မာ】
mura	ราคาถูก	ថោក	ဈေးပေါသော
maayos	ดี	ល្អ	ကောင်းသော
masama	ไม่ดี	អាក្រក់	မကောင်းသော
mainit	ร้อน	ក្តៅ	ပူသော
malamig	เย็น	ត្រជាក់	အေးသော
malapit	ใกล้	ជិត	နီးသော
malayo	ไกล	ឆ្ងាយ	ဝေးသော
maunti	นิดเดียว	បន្តិច	အနည်းငယ်(နည်းနည်း)
madami	มาก	ច្រើន	များစွာ(အများကြီး)
lahat	ทั้งหมด	ទាំងអស់	အကုန်လုံး
importante	สำคัญ	សំខាន់	အရေးကြီးသော
ngayon	เดี๋ยวนี้	ពេលនេះ	အခု
bilisan	เร็ว	រហ័ស លឿន	လျင်မြန်သော
bagalan	ช้า	យឺតៗ	ဖြည်းဖြည်း
mauna	ก่อน	មុន	အရင်
mamaya	หลัง	ក្រោយ	နောက်မှ
libreng oras	เวลาว่าง	ទំនេរ	အားလပ်ချိန်
mahusay, magaling	เก่ง	ពូកែ	တော်သော
hindi magaling	ไม่เก่ง	មិនពូកែ អន់	ညံ့သော
maaga	มาเร็ว	ឆាប់	စောသော
mabagal	มาช้า	យឺត	နောက်ကျသော
mapait	ขม	ល្វីង	ခါးသော
maganda	สวย	ស្អាត	လှပသော
madami	จำนวนมาก	ច្រើន	များပြားသော
tahimik	เงียบ	ស្ងប់ស្ងាត់	တိတ်ဆိတ်သော
mahirap	ยาก	ពិបាក	ခက်ခဲသော
mabait	ใจดี	ចិត្តល្អ	သဘောကောင်းသော

日本語 【JAPANESE】	中国語 【中国话】	英語 【ENGLISH】	インドネシア語 【BAHASA INDONESIA】	ベトナム語 【Tiếng Việt】
ひどい	过份（冷酷）、厉害	mean, cruel, terrible	ganas (kejam)	tồi tệ, kinh khủng
有名	有名	famous, well-known	terkenal	nổi tiếng
明るい	亮、开朗	bright; cheerful	terang	sáng sủa
暗い	暗、阴沉	dark; morose	gelap	tối tăm
欲しい	想要	to want	mau (ingin)	muốn
狭い	窄	narrow; small, cramped	sempit	hẹp
うるさい	吵	loud; noisy	cerewet	ồn ào
便利	方便	convenient, useful	mudah	tiện lợi
汚い	脏	dirty; vulgar	kotor	dơ bẩn
楽しい	愉快	enjoyable	gembira (senang)	vui vẻ
ハンサム	英俊、帅	handsome	ganteng	đẹp trai
すぐ	马上	soon	segera	ngay, lập tức
まだ	还	not yet	masih (belum)	chưa
ちょっと	稍微	a little	sebentar	một chút
絶対	绝对	absolutely (used in both positive and negative contexts)	dengan mutlak	tuyệt đối
一緒に	一起	together	bersama-sama	cùng nhau
いつも	总是	always	selalu	luôn luôn
変	奇怪	strange, odd	aneh	kỳ lạ, kỳ quặc
もっと	再（更）	more	lagi (tambah)	thêm nữa
一人で	一个人	by oneself	sendirian (seorang diri)	một mình
全然～ない	完全不（根本不、一点都不）	not at all	tak sama sekali	hoàn toàn không
時々	偶尔、有时	at times, sometimes; occasionally	kadang-kadang	thinh thoảng
動詞	动词	Verbs	Kata kerja	**Động từ**
する	做	do	berbuat (melakukan, menjadikan)	làm
できる	能	be able	dapat	có thể, có khả năng

フィリピン語 【Filipino】	タイ語 【ภาษาไทย】	カンボジア語 【ភាសាខ្មែរ】	ミャンマー語 【မြန်မာ】
terible	ใจร้าย	អាក្រក់	ပြင်းထန်သော
kilala	มีชื่อเสียง	ល្បីល្បាះ	နာမည်ကြီးသော
maliwanag	เบิกบาน, สว่าง	ភ្លឺ	လင်းသော/တက်ကြွသော
madilim	หม่นหมอง, มืด	ងងឹត	မှောင်သော
gusto	อยากได้	ចង់បាន	လိုချင်သော
makitid	แคบ	ចង្អៀត	ကျဉ်းသော
maingay	หนวกหู	ថ្ងង់	ဆူညံသော
maginhawa	สะดวก	ងាយស្រួល	အဆင်ပြေလွယ်ကူသော
madumi	สกปรก	កខ្វក់	ညစ်ပတ်သော
kasiya-siya	สนุก	ជាទីរីករាយ	ပျော်စရာကောင်းသော
magandang lalaki	รูปหล่อ	សង្ហា	ရုပ်ဖြောင့်သော
kaagad	ทันที	ភ្លាមៗ	ချက်ချင်း
hindi pa, wala pa	ยัง	នៅមិនទាន់	အခုထက်ထိ
kaunti	คอยเดี๋ยว	បន្តិច	အနည်းငယ်
kasukdulan	แน่นอน	ប្រាកដជា	လုံးဝ
magkasama	ไปด้วยกัน	ជាមួយគ្នា	အတူတူ
palagi	เสมอ	ជានិច្ច	အမြဲတမ်း
katakataka	แปลก	ចែម្លែក	ထူးဆန်းသော
higit pa	อีก, ยิ่งขึ้น	ថែមទៀត	ပို၍
mag-isa	ด้วยตนเอง	តែម្នាក់ឯង	တစ်ယောက်တည်း
hindi naman	ไม่---เลย	មិន~ទាល់តែសោះ	လုံးဝ~မဖြစ်ဘူး
paminsan-minsan	บางครั้ง	ពេលខ្លះ	တစ်ခါတရံ
Pandiwa	**คำกริยา**	**កិរិយាសព្ទ**	**ကြိယာ**
gawin	ทำ	ធ្វើ	လုပ်ဆောင်သည်
magagawa	ทำได้	អាច	လုပ်နိုင်သည်

日本語 【JAPANESE】	中国語 【中国话】	英語 【ENGLISH】	インドネシア語 【BAHASA INDONESIA】	ベトナム語 【Tiếng Việt】
ある	有	be, exist	ada	có
起きる	起床	awaken, get up	bangun	thức dậy
寝る	睡觉	sleep, go to sleep	tidur	ngủ
すく〔お腹が〕	饿	be hungry	lapar	đói (bụng)
かわく〔のどが〕	渴	be thirsty	haus	khô (cổ họng)
食べる（食う）	吃	eat	makan	ăn
飲む	喝	drink	minum	uống
開ける	开	open	buka	mở
閉める	关	close	tutup	đóng
立つ	站	stand, to stand up	berdiri	đứng
座る	坐	sit	duduk	ngồi
歩く	走	walk	berjalan kaki	đi bộ
走る	奔、跑	run	berlari	chạy
行く	去	go	pergi	đi
来る	来	come	datang	đến
帰る	回来（回去）	go home, return (to one's home)	pulang	về
出る	出去	go out, leave	keluar	ra
入る	进来	go in, enter	masuk	vào
止まる	停止	stop	berhenti	ngừng, dừng lại
始める	开始	begin	mulai	bắt đứu
終わる	结束（完）	end	selesai (berakhir)	chấm dứt
聞く	听	listen	dengar	nghe
読む	念、读	read	baca	đọc
書く	写	write	tulis	viết
話す	说、讲	speak, talk	bercakap (berbicara)	nói chuyện
言う	说、讲	say	mengatakan (mengucapkan)	nói
教える	教	teach, to show, to give information or instructions	mengajar	dạy

フィリピン語 【Filipino】	タイ語 【ภาษาไทย】	カンボジア語 【ភាសាខ្មែរ】	ミャンマー語 【မြန်မာ】
mayroon	มีอยู่	មាន ស៊ីតេនៅ	ရှိသည်/ဖြစ်သည်
gumising	ตื่นขึ้น	ក្រោក	အိပ်ယာထသည်
matulog	นอน	គេង	အိပ်သည်
gutom	หิว	ឃ្លាន	ဗိုက်ဆာသည်
uhaw	คอแห้ง	ស្រេកទឹក	ရေဆာသည်
kakain	กิน	បរិភោគ	စားသည်
iinum	ดื่ม	ផឹក	သောက်သည်
bukas	เปิด	បើក	ဖွင့်သည်
sarado	ปิด	បិទ	ပိတ်သည်
tayo	ยืน	ឈរ	မတ်တပ်ရပ်သည်
upo	นั่ง	អង្គុយ	ထိုင်သည်
lakad	เดิน	ដើរ	လမ်းလျှောက်သည်
takbo	วิ่ง	រត់	ပြေးသည်
papunta	ไป	ទៅ	သွားသည်
parating	มา	មក	လာသည်
pauwi	กลับ	ត្រឡប់វិញ	အိမ်ပြန်သည်
palabas	ออก	ចេញ	ထွက်ခွာသည်
papasok	เข้า	ចូល	ဝင်ရောက်သည်
tigil	หยุด	ឈប់	ရပ်တန့်သွားသည်
mag-umpisa	เริ่ม	ចាប់ផ្ដើម	စတင်သည်
katapusan,dulo	จบ	ចប់	ပြီးဆုံးသည်
makinig	ฟัง	ស្ដាប់	နားထောင်သည်
magbasa	อ่าน	អាន	ဖတ်သည်
magsulat	เขียน	សរសេរ	ရေးသည်
magsalita	พูด	និយាយ	စကားပြောသည်
magsabi	บอก	និយាយ	ပြောဆိုသည်
magturo	สอน	បង្រៀន ប្រាប់	သင်ပေးသည်/ပြောပြသည်

日本語 【JAPANESE】	中国語 【中国话】	英語 【ENGLISH】	インドネシア語 【BAHASA INDONESIA】	ベトナム語 【Tiếng Việt】
習う	学	learn	belajar	học
覚える	记住	remember, to memorize	ingat	nhớ
わかる	明白	understand, to figure out	mengerti	hiểu
忘れる	忘	forget	lupa	quên
呼ぶ	叫	call, to call out	panggil	gọi
休む	休息	rest	beristirahat	nghỉ ngơi
置く	放	place, to put	letakkan (taruh)	đặt
取る	拿	take	mengambil	lấy
見る	看	see	lihat	nhìn
触る	摸	touch	menyentuh	rờ
持つ	拿、有、带	have, hold	mempunyai (memegang)	cầm
運ぶ	搬	carry	membawa	mang
出す	拿出（伸出、露出）	take out, put out	mengeluarkan	lấy ra
入れる	装进（放入）	put in	memasukkan	đặt vào
消す	扑灭（关掉、勾销）	extinguish, to turn off	mematikan (lampu, TV, dll)	tắt (TV, đèn)
つける	点（火）、打开	turn on	menghidupkan (lampu, TV, dll)	mở, bật (TV, đèn)
買う	买	buy	beli	mua
売る	卖	sell	jual	bán
借りる	借	borrow, rent	pinjam	mượn
貸す	借给	lend	pinjamkan	cho mượn
戻す（返す）	还	return, return something, return something to its place	kembalikan	trả lại
送る	送（寄）	send	kirim	tiễn đưa
待つ	等	wait	tunggu	chờ đợi
乗る	乘（坐、骑）	get on board	naik	lên xe
降りる	下	get off	turun	xuống xe
会う	见面（碰见）	meet	bertemu	gặp
捨てる	扔	throw away	buang	vất, bỏ

フィリピン語 【Filipino】	タイ語 【ภาษาไทย】	カンボジア語 【ภาសาខ្មែរ】	ミャンマー語 【မြန်မာ】
matuto	เรียน	រៀន	သင်ယူသည်
isaulo	จำ	ចងចាំ	မှတ်သားသည်
maintindihan	เข้าใจ	យល់	နားလည်သည်
makalimutan	ลืม	ភ្លេច	မေ့သည်
tawagan	เรียก	ហៅ	ခေါ်ဆိုသည်
magpahinga	พัก	ស្រមាក	အနားယူသည်
ilagay	วาง	ទុក	ထားသည်
kuhanin	หยิบเอามา	យក	ယူသည်
manuood	ดู	មើល	ကြည့်သည်
hawakan (touch)	สัมผัส	ស្ទាប	ထိသည်
hawakan (hold)	มี	កាន់	ကိုင်ဆောင်သည်
dalahin	ขนไป	ជញ្ជូន	သယ်ဆောင်သည်
tanggalin	หยิบออกมา	យកចេញ	ထုတ်သည်
ilagay	ใส่เข้าไป	ដាក់ចូល	ထည့်သည်
patayin	ปิด(ไฟ)	ពន្លត់ បិទ	ဖျက်သည်/ပိတ်သည်
buhayin	เปิด(ไฟ)	បើក	ဖွင့်သည်
bumili	ซื้อ	ទិញ	ဝယ်သည်
ibenta	ขาย	លក់	ရောင်းသည်
humiram	ขอยืม	ខ្ចី	ငှားယူသည်
magpahiram	ให้ยืม	អោយខ្ចី	ငှားပေးသည်
ibalik	คืน	ទុកវិញ (សងវិញ)	ပြန်ထားသည်(ပြန်ပေးသည်)
ipadala	ส่ง	ផ្ញើ	ပေးပို့သည်
maghintay	คอย	ចាំ	စောင့်ဆိုင်းသည်
sumakay	ขึ้น(รถ)	ជិះ	စီးသည်
bumaba	ลง(รถ)	ចុះ	ယာဉ်ပေါ်မှဆင်းသည်
magkita	พบ	ជួប	တွေ့ဆုံသည်
itapon	ทิ้ง	បោះចោល	လွှင့်ပစ်သည်

日本語 【JAPANESE】	中国語 【中国话】	英語 【ENGLISH】	インドネシア語 【BAHASA INDONESIA】	ベトナム語 【Tiếng Việt】
着る	穿	wear	memakai	mặc vào
脱ぐ	脱	take off (clothing)	membuka baju	cởi ra
洗う	洗	wash	cuci	rửa
拭く	擦	wipe	menyapu	lau
切る	切	cut	memotong	cắt
手伝う	帮忙	help	menolong	giúp đỡ
かける〔電話を〕	打电话	call, make a telephone call	menelepon	gọi (điện thoại)
かける〔鍵を〕	上锁	lock	mengunci	khóa
頑張る	努力（加油）	make an effort	berikhtisar (berusaha)	cố gắng
住む	住	live, reside	tinggal	trú ngụ, cư trú
調べる	査	examine, look into, investigate	periksa	điều tra, kiểm tra
片づける（どける）	收拾（挪开）	remove, take something out of the way	memindahkan	dọn dẹp
しまう	藏（收拾）	put away; shimau is also used as a verb of completion for which tbere is no corresponding word in English	mengembalikan ketempat aslinya	cất vào
使う	用	use	pakai	sử dụng
濡れる	弄湿、淋湿	get wet	basah	ướt
かかる〔時間が〕	费时间	take time	memakan waktu	mất (thì giờ)
降る〔雨が〕	下雨	rain	hujan turun	đổ (mưa)
気をつける	小心、留神	be careful, exercise caution	perhatian	cẩn thận
すべる	滑	slip, skate, ski	tergelincir	trượt
集まる	聚（集合）	gather, get together	berkumpul	tụ họp
急ぐ	赶快	harry	mempercepat	vội vàng
出かける	出门	go out	berangkat	ra đi
浴びる	淋	take (a shower)	mandi	tắm
晴れる	晴	clear up (with respect to weather)	menjadi terang	trời nắng, trời tạnh
逃げる	逃	run away, escape	melarikan diri	chạy trốn

フィリピン語 【Filipino】	タイ語 【ภาษาไทย】	カンボジア語 【ภาษาເขมร】	ミャンマー語 【မြန်မာ】
isuot	สวมใส่	ពាក់ (សេម្លៀកបំពាក់)	ဝတ်ဆင်သည်
hubadin	ถอด(เสื้อผ้า)	ដោះ (សេម្លៀកបំពាក់)	ချွတ်သည်
hugasan	ล้าง	លាង	ဆေးကြောသည်
punasan	เช็ด	ជូត	သုတ်သည်
putulin	ตัด	កាត់	ဖြတ်တောက်သည်
tumulong	ช่วย	ជួយ	ကူညီသည်
tumawag	ต่อโทรศัพท์	ទូរស័ព្ទ	ဖုန်းဆက်သည်
susian	ล็อกกุญแจ	ចាក់សោរ	သော့ခတ်သည်
magtiyaga	พยายาม	ខំប្រឹង	ကြိုးစားအားထုတ်သည်
tumira	อาศัยอยู่	ស្នាក់នៅ	နေထိုင်သည်
inbestigahan	ตรวจสอบ	ស្រាវជ្រាវ	စုံစမ်းရှာဖွေသည်
tanggalin	เก็บกวาด	រៀបចំទុកដាក់	ရှင်းလင်းသည်
itago	จัดเก็บ	ទុកទៅតាមកន្លែងដើម	သိမ်းဆည်းသည်
gamitin	ใช้	ប្រើបាស់	အသုံးပြုသည်
mabasa	เปียก	ទទឹក	စိုစွတ်သည်
mag-ukol ng oras	ใช้เวลา	ប្រើពេល	ကြာမြင့်သည်(အချိန်)
uulan	ฝนตก	ភ្លៀងធ្លាក់	မိုးရွာသည်
mag-ingat	ระมัดระวัง	ប្រយ័ត្នប្រយែង	သတိပြုသည်
madulas	ลื่น	រអិល	ချော်သည်
tipunin	รวมตัวกัน	ប្រមូលផ្ដុំ	စုဝေးသည်
bilisan	เร่งรีบ	ប្រញាប់	အလျင်လိုသည်
lalabas	ออกไปข้างนอก	ចេញក្រៅផ្ទះ	အပြင်ထွက်သည်
maligo	อาบ(น้ำ)	ងូត (ទឹកផ្កាឈូក)	ရေချိုးသည်
magandang panahon	อากาศแจ่มใส	មេឃស្រឡះ	ကြည်လင်သာယာသည်
tumakbo	หนี	រត់គេច	ထွက်ပြေးသည်

日本語 【JAPANESE】	中国語 【中国话】	英語 【ENGLISH】	インドネシア語 【BAHASA INDONESIA】	ベトナム語 【Tiếng Việt】
遊ぶ	玩	play	main (bermain)	chơi đùa
働く	工作	work	bekerja	làm việc
疲れる	累	get tired	lelah	mệt
壊れる	坏	break	rusak	tan vỡ
泳ぐ	游泳	swim	berenang	bơi
動く	动	move	bergerak	vận động
預ける	存	entrust, deposit	menitipkan	gửi tiền tiết kiệm
引き出す	提取	take out, withdraw	menarik	rút tiền
振り込む	转账	pay (through bank transfer)	membayar	chuyển khoản ngân hàng
遅れる	晩（没赶上）、迟到	be late, run late	terlambat	muộn
歌う	唱歌	sing	nyanyi (menyanyi)	ca hát
踊る	跳舞	dance	menari	nhảy múa
間に合う	赶得上（来得及）	be in time	tidak terlambat	kịp
作る	做（制造）	make	membuat	tạo ra
曲げる	弯	bend	membengkokkan	uốn cong
のばす	拉长（伸开）	stretch	memperpanjang	kéo dài
違う	不一样（不对）	be different, differ	berbeda	sai, khác biệt
貼る	贴	paste, post	menempelkan	dán
要る	要（需要）	need	memerlukan	cần
換える	换	change, exchange	mengganti	đổi
下ろす〔金を〕	取钱	withdraw (money)	menarik (uang)	rút (tiền)
頼む	请求	ask (for a favor)	meminta	yêu cầu
打つ〔くぎを〕	打钉	drive, knock (a nail)	memukul (paku)	đóng (đinh)
弾く〔ギターを〕	弹吉他	play (a musical instrument)	bermain (gitar)	khảy (đàn)
叩く	敲、打	strike, pound, hit	pukul	đánh, đập
流す	冲（泼、倒、流）	pour, drain, empty, flush	mengalirkan	thả trôi
折る	折断、折叠	break, fold	mematahkan	bẻ gãy

フィリピン語 【Filipino】	タイ語 【ภาษาไทย】	カンボジア語 【ភាសាខ្មែរ】	ミャンマー語 【မြန်မာ】
maglaro	เล่น	លេង	ဆော့ကစားသည်
magtrabaho	ทำงาน	ធ្វើការ	အလုပ်လုပ်သည်
nakakapagod	เหนื่อย	នឿយហត់	ပင်ပန်းသည်
masisira	แตกหัก	បែក	ပျက်စီးသည်
lumangoy	ว่ายน้ำ	ហែលទឹក	ရေကူးသည်
gumalaw	เคลื่อนไหว	កម្រើក ធ្វើចលនា	လှုပ်ရှားသည်
ipagkatiwala	ฝากเงิน	ធ្វើទុកទៅ ដាក្រ្តូបាក់	အပ်နှံသည်
ilabas	ถอนเงิน	ដក្រូបាក់	ထုတ်ယူသည်
bayaran (sa pamamagitan ng bank transfer)	โอนเงิน	បញ្ជូនប្រាក់	ငွေလွှဲသည်
mahuli	มาช้า	យឺតពេល	နောက်ကျသည်
kumanta	ร้องเพลง	ច្រៀង	သီချင်းဆိုသည်
sumayaw	เต้นรำ	រាំ	ကသည်
sa oras	มาทัน	ទាន់ពេល	အချိန်မီသည်
gumawa	ทำ, สร้าง	ធ្វើ	ပြုလုပ်သည်
ikilo	ทำให้งอ	បត់	ကွေးသည်
unatin	ยืดออก	បន្លឹង	ဆန့်ထုတ်သည်
iba	ไม่ใช่, แตกต่าง	ខុស	ကွဲလွဲသည်
idikit	แปะติด	បិទភ្ជាប់	ကပ်သည်
kailangan	จำเป็น	ត្រូវការ	လိုအပ်သည်
palitan	เปลี่ยน	ផ្លាស់ប្តូរ	လဲလှယ်သည်
kumuha (ng pera)	ถอนเงิน	ដក (ប្រាក់)	ငွေထုတ်ယူသည်
humingi (ng pabor)	ขอร้อง	ពឹងពាក់	တောင်းဆိုသည်
pukpukin (ang pako)	ตอกตะปู	ដំ (ដែកគោល)	သံရိုက်သည်
tumugtog	ดีดกีตาร์	ដេញ(ហ្គីតា)	ဂီတာတီးသည်
hampasin	ตี	វាយ	ရိုက်ခတ်သည်/ဒီးခေါက်သည်
paagusin	เททิ้ง	បង្ហូរ	လောင်းချသည်/စီးဆင်းစေသည်
itupi	พับ	បាក់	ချိုးသည်

日 本 語 【JAPANESE】	中 国 語 【中国话】	英 語 【ENGLISH】	インドネシア語 【BAHASA INDONESIA】	ベトナム語 【Tiếng Việt】
掃く	扫	sweep	menyapu	quét
回す	转、递	rotate, spin around, pass around	memutarkan	xoay
汚れる	脏	get dirty	menjadi kotor	vấy bẩn
分ける	分开	divide, split (something) up	membagi	phân chia
かぶる〔帽子を〕	戴帽子	put on (a hat or cap)	memakai (topi)	đội (mũ)
破れる	破	break, burst	sobek	rách
着替える	换衣服	change clothing	mengganti pakaian	thay quần áo
開く〔穴が〕	破了洞	open, bore	burlubang	thủng (lỗ)
誘う	约	invite, induce, tempt	mengajak	mời gọi
動かす	移动（开动）	move	menggerakkan	xê dịch
離れる	离开	move away, leave	memisah	rời
見せる	给。。。看(让。。。看)	show	menunjukkan	cho thấy
答える	回答	answer	menjawab	trả lời
挙げる〔手を〕	举手	raise (one's hand)	mengangkat	giơ (tay)
知る	知道	know, find out	tahu	biết
切れる〔電球が〕	（灯丝）断了	burn out (used of light bulbs, fuses, etc.)	putus (listrik)	đứt (bóng đèn)
磨く	磨	polish	menggosok	mài
押す	推（按）	push	menekan	bấm, nhấn
止める	停（停止）	stop	menghentikan	ngừng, ngưng chặn

フィリピン語 【Filipino】	タイ語 【ภาษาไทย】	カンボジア語 【ភាសាខ្មែរ】	ミャンマー語 【မြန်မာ】
walisan	กวาด	បោស	လှဲကျင်းသည်
ikutin	หมุน	បង្វិល	လှည့်သည်
marumihan	เปื้อน	ប្រឡាក់	ညစ်ပေသည်
hatiin	แบ่ง	បែងចែក	ခွဲခြားသည်
isuot (cap, sombrero)	สวมหมวก	ពាក់ (មួក)	ဦးထုပ်ဆောင်းသည်
punitin	ฉีกขาด	ហែក	စုတ်ပြဲသည်
magpalit (ng damit)	เปลี่ยนเสื้อผ้า	ប្តូរសម្លៀកបំពាក់	လဲလှယ်ဝတ်ဆင်သည်
butasan	เจาะรู	មានរន្ធប្រហោង	အပေါက်ပေါက်သည်
anyayahan	ชักชวน	បបួល	ဖိတ်ခေါ်သည်
galawin	เลื่อน (สิ่งของ)	ធ្វើអោយកម្រើក ប្តូរទីតាំង	ရွေ့သည်
lumayo	จากไป, ผละออกห่าง	ឃ្លាតឆ្ងាយ	ဝေးကွာသည်/စွန့်ခွာသည်
ipakita	ให้ดู	បង្ហាញ	ပြသသည်
sumagot	ตอบ	ឆ្លើយ	ဖြေဆိုသည်
itaas	ยก(มือ)	លើក (ដៃ)	လက်မြှောက်သည်
alamin	ล่วงรู้	ដឹង ស្គាល់	သိသည်
pundido	ขาด(หลอดไฟ)	(អំពូលភ្លើង) ដាច់	မီးသီးကျွမ်းသည်
kinisin	ขัดเงา	ដុសខាត់	တိုက်ချွတ်သည်
itulak	กด	ចុច	ဖိသည်
tumigil	หยุด(เครื่อง), จอด(รถ)	បញ្ឈប់	ရပ်တန့်သည်

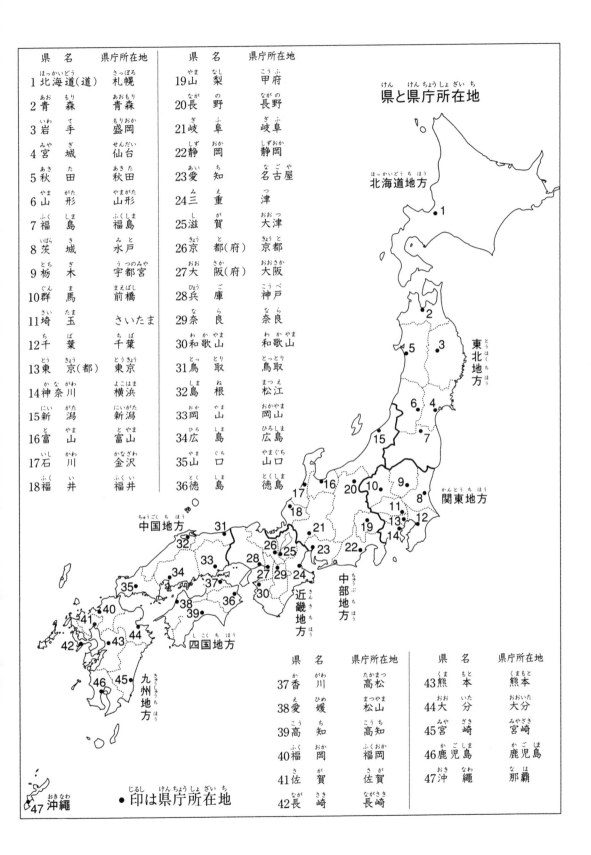

県 名	県庁所在地		県 名	県庁所在地
1 北海道（道）	札幌		19 山 梨	甲府
2 青 森	青森		20 長 野	長野
3 岩 手	盛岡		21 岐 阜	岐阜
4 宮 城	仙台		22 静 岡	静岡
5 秋 田	秋田		23 愛 知	名古屋
6 山 形	山形		24 三 重	津
7 福 島	福島		25 滋 賀	大津
8 茨 城	水戸		26 京 都（府）	京都
9 栃 木	宇都宮		27 大 阪（府）	大阪
10 群 馬	前橋		28 兵 庫	神戸
11 埼 玉	さいたま		29 奈 良	奈良
12 千 葉	千葉		30 和歌山	和歌山
13 東 京（都）	東京		31 鳥 取	鳥取
14 神奈川	横浜		32 島 根	松江
15 新 潟	新潟		33 岡 山	岡山
16 富 山	富山		34 広 島	広島
17 石 川	金沢		35 山 口	山口
18 福 井	福井		36 徳 島	徳島

県と県庁所在地

北海道地方

東北地方

関東地方

中国地方

近畿地方

中部地方

四国地方

九州地方

47 沖縄

● 印は県庁所在地

県 名	県庁所在地		県 名	県庁所在地
37 香 川	高松		43 熊 本	熊本
38 愛 媛	松山		44 大 分	大分
39 高 知	高知		45 宮 崎	宮崎
40 福 岡	福岡		46 鹿児島	鹿児島
41 佐 賀	佐賀		47 沖 縄	那覇
42 長 崎	長崎			

外国人技能実習生のための

日 本 語 　－生活基礎編－

1996 年 3 月　初版
2018 年 11 月　第 5 版
2021 年 1 月　第 5 版 2 刷
2022 年 7 月　第 6 版

発行　公益財団法人 国際人材協力機構 教材センター
〒108－0023　東京都港区芝浦 2－11－5
五十嵐ビルディング 11 階
TEL：03－4306－1110
FAX：03－4306－1116
ホームページ　https://www.jitco.or.jp/
教材オンラインショップ　https://onlineshop.jitco.or.jp